笑って怒って、心で感じる

一休さんの長寿禅入門

臨済宗大徳寺派香林院住職
金嶽宗信

さくら舎

はじめに

「お前は何者だ」といわれそうなので、一休さんと私の関係性について記します。

私が一休さんに恋したのは、一〇歳の時でした。一冊の本からの出会いでしたが、それが動機で一休さんの寺である京都の大徳寺《だいとくじ》に自《みずか》ら出家したのです。


私の家は一般家庭で、お寺の出身ではありません。父親は教員をしており、子供心に「先生の子供だから、勉強ができる」という周りの人の目が苦痛でした。

現に私は、勉強が嫌いでした。

こんなことがありました。中学の校長であった父の学校にいた一般教員の人が、他校へ移りましたが、その人は、私の父が余所《よそ》に飛ばしたと思い違いしたのです。

そして私の家へ抗議しに来ました。その時、生憎《あいにく》父は不在で母が応対に出たのです。

その先生は、興奮しあろうことか母の首をしめたのです。幸い事無《ことな》きを得ましたが、この時子供心に私は、「教育を受けた者がこんなことをする。教育では人は救えない」と思いました。

たまたま巡り合った先生がこんなことをした。しかし、子供だった私はこの先生が世の中の先生の典型であると思ってしまったのです。

そんな時に偶然読んだ一休さんの本に「悟りは、学問ではない」、というようなことが書かれていました。そして「自分が求めているものはこれだ」と思ったのです。

私の出家は、一二歳の時でした。一休さんの本を読んだ一〇歳の時に一度大徳寺にうかがったのですが、この時は「小学校を出てから」ということになりました。

そこで小学校を卒業してから、再び大徳寺にうかがったのです。ですから中学に入る一二歳で大徳寺に入りました。以来、小僧生活一〇年、雲水修行一〇年を経て現在の東京・広尾の香林院へ来ました（大徳寺で小僧時代から育った者を、山育ちといいます）。

大徳寺で一休さんに関わり四三年が経ちました。勝手な思い入れといわれればそれまでですが、一休さんは今も私の心に生きているのです。

文中、なれなれしく一休さんに触れているところもあるかと思いますが、そんな心情をおくみとりいただき、御寛恕《ごかんじょ》いただければと願います。

一休さんは、知れば知るほどわからなくなります、しかしそういっていては埒《らち》があきません。ここで勇気をふるって、ふん切りをつけたいと思います。

人間愛にあふれる一休さんは、許してくれると信じます。

なお、一休さんの作品には、江戸時代の創作が多く含まれるといわれています。その真偽のほどは、学者さんにおまかせするとして、私は一宗教家の立場で見ていきます。「嘘も方便」の禅の見方があれば、それはそれで、一休さんに近づいても、離れていくことはないと考えるからです。

一休さんの信仰は、時代を超えた信仰です。永遠《とわ》に残る信仰、これは現代人にも十分通用する信仰だと思います。一休さんの発想力は、この厳しい時代にこそ役立ちます。

私はなにぶんにも浅学非才《せんがくひさい》の身です。至らない点など、ご叱正《しっせい》いただければ幸いです。

金嶽宗信《かねたけそうしん》

一休さん年譜

明徳五年（六二二年前）正月元日、一休誕生。幼名千菊丸《せんぎくまる》、後小松《ごこまつ》天皇のご落胤《らくいん》。
六歳で京都安国寺《あんこくじ》入門。周建《しょうけん》の名に。
一二歳で『維摩《ゆいま》経』を聞き、理解。
一三歳で漢詩を学び、一五歳の時の詩の出来ばえに人々は驚いたという。
一七歳、西金寺《さいこんじ》謙翁宗為《けんおうそうい》和尚につき、師の亡くなる二一歳まで随行。
　師の死に自殺をくわだてる。
一八歳、将軍足利義持《あしかがよしもち》と面謁《めんえつ》。
二二歳、禅興庵（現祥瑞寺《しょうずいじ》）華《か》叟宗曇《そうそうどう》につく。宗純《そうじゅん》に改名。兄弟子、養叟《ようそう》と出会う。
二三歳、生活に窮し、京都に出て内職しながら修行。
二五歳、華叟から一休の道号を授《さず》けられる。この頃に母亡くなる。
二七歳、鴉《あ》の鳴き声を聞いて悟りを開く。
三四歳、父、後小松皇に謁見。
三五歳、師、華叟亡くなる。
四〇歳、父、後小松皇崩御。
四二歳、大坂・堺におもむく。

四九歳、尸陀《しだ》寺創建。
六〇歳、大徳寺《だいとくじ》炎上。
六二歳、養叟を批判した『自戒集』を編む。
六三歳、妙勝寺再興、酬恩庵《しゅうおんあん》と改称。
六五歳、養叟亡くなる。
六八歳、蓮如《れんにょ》と親交。
七四歳、応仁・文明の乱が起こる。
七七歳、森女《しんじょ》と出会う。
八一歳、勅命により大徳寺四八世住持《じゅうじ》となる。伽藍《がらん》の再興に努める。
八八歳、一一月二一日、酬恩庵にて逝く。

三〇代後半より、八〇代まで積極的に各地を転々と過ごし、老若男女、貴賤《きせん》をとわず人々とまじわる。このようなことから各種の話が人口に膾炙《かいしゃ》された。

※　本文中の一休さんの言葉は、引用にあたって、現代語訳しているものもあります。

目次

第二章　流れる

第三章　自由のままに

第四章　ぶれない

第五章　禅的に生きる

一休さんの長寿禅入門

――笑って怒って、心で感じる

第一章

常識を超える

失望を超えて前に進む

万物の霊長《れいちょう》たる人間でさえ定命《ていめい》五〇年
汝《なんじ》　小鳥の分際《ぶんざい》で四十雀《しじゅうから》とは生き過ぎたり　喝《かつ》！

これは、寺の近所の婆さんから、自分の飼っていた四十雀が死んだので、一休さんにこの鳥の葬式をやってほしいとたのまれて、はなたれた引導の一句である。

定命とは、寿命のこと、人生五〇年ということである。

どうやって調べているのかは知らないが、ある本のデータによると、今から三〇〇〇年前の縄文期では人間の平均寿命三一歳。この一休さんの時代だと三六、七歳。明治期後半でさえ四三歳位。

今いわれる八〇歳というのは、いかに近年になり寿命がのびたのかと改めて知ることができる。

それはともかく、五〇年生きれば十分な時代、一休さんの生きた八八歳というのは、いかに驚異的だったかがわかる。

やはりここでも一休さんは、四十雀という呼び名と年齢をかけて引導を渡し、小鳥の霊を慰《なぐさ》めているのだ。

たかが小鳥と思うかもしれないが、この鳥を飼っていた婆さん、家族も亡くなり独り身だったのかもしれない。だからわざわざ一休さんに、葬式をたのんだ。それほど想い入れがあったのではないか、と想像できる。

心から打ちひしがれた婆さんに、一休さんはユーモアを持って少しでも元気づけようと思ったのではないか。婆さんにとって、四十雀は生きがいだったのだ。

「生き過ぎたり」とは、十分生きたよ、御苦労様という一休さんの深い想いやりを感じられる。


落語の話だったか、江戸時代のこと、二人の田舎出身の若者が志を立て都会に出て来た。物珍しげに二人で、街を散策をしていると、水を売る店を発見する。

二人はびっくりした。田舎では水を売るなど考えられないからだ。

私にも同じ経験がある。私の出身地東京都青梅市は多摩川の上流、全国水百選に選ばれるほど水のきれいな所だ。水道水でもおいしい。

それが今の都会の寺に来て、みんなペットボトルの水を飲んでいるのを見て、びっくりしたものだ。それこそ信じられなかった。

話はそれてしまったが、この時若者の一人は、「江戸は恐《おそろ》しい所だ。水でさえ金を取られてしまう」、そしてやはり自分は、都会には向かないといって、そそくさと国へ帰ってしまったのだ。当初の志は、どこへやらである。

対してもう一人の若者は、「江戸とは、すばらしい所だ。水でさえ商売になるのなら、仕事の幅はいくらでもあるのではないか」と考えた。そして次々とアイデアを出し、江戸で大成功をおさめた。

二人が目にしたのは、同じ光景だ。しかしその捉え方に大きな違いがあった。

同じ現象でも、見る者の心しだいで、その人の生き方は大きく違ってくるのだ。

人の死に対しても、なんで死んでしまったのかと思うのと、よく今まで生きてくれたと考えるのでは大きな違いがある。

一休さんは、ひらめきの天才だ。身近にある一つの状況の中で、人の心を動かしてしまう。禅では、日々是好日《にちにちこれこうにち》という。これは毎日が大安吉日であるということではない。晴天の時もあれば、大雨の日もある。さらに嵐もあれば、津波や地震だってある。しかしそんな日々をひっくるめたうえで、わかったうえでの日々が好日だといっているのだ。

楽しむべき日を楽しみ、楽しみなきところをまでも楽しんでしまう。今日一日を精一杯、生ききる。失望を超える精進《しょうじん》が、悔いのない人生を生む。そう教えてくれているのだ。

生まれてきたことに理屈はない

人間というものは死ぬとお布施《ふせ》になる
そしてお寺が儲かる

トンチの人として有名な一休さんに一泡《ひとあわ》ふかせてやろうと、町内会の連中が相談し合っていた。

その考えがまとまると、皆で、一休さんのもとを訪れた。そして一休さんに、「人間は死ぬとどうなるか教えてください」と尋ねた。

当然、その答えは「仏様になる」「極楽、地獄へ行く」などというだろうと想像していた。

しかし一休さんは、そうは答えない。

「人間にも色々とあるから、定まってはいない」という。

すると一人が「色々といってもわかりません」と重ねて尋ねる。

「じゃあ、ちょっと待て」と一休さん。

典座《てんぞ》（台所）に行って、一冊の帳面を持ってきた。そして「ご覧」と示したのだ。

一同、意味がわからず、ポカンとしていると一休さんはいう。

「これは納所帳といって、お布施のことが書いてある。○○町の○○さんが亡くなった時は、お布施が一貫五百、米五升、豆が三升、椎茸その他……。

こんなにもよいものになった。人間というものは死ぬとお布施になる。そしてお寺が儲かる」と。

これを聞き、皆が納得、「まいりました」と舌を巻いて帰っていったという。


禅問答は、わけのわからないものとよくいわれる。

実際、質問自体が意味不明なことも多い。

「向こうからくるのは、姉か妹か」

「片手の音を聞いてこい」など。

そしてその質問に対して、理屈で答えるということを求めているわけではない。その答えは叫び声であったり、ジェスチャーであったりすることもある。

端《はた》で見ていたら、突拍子《とっぴょうし》もないものであろう。このように、禅では自由な発想が求められ、既成概念にとらわれないという柔軟性が鍛えられるのだ。

ここでの一休さんもそうである。思いもかけない切り返し。まさに意表をついてくる。

人間は、すぐ理屈に走る。知能があるのだから当然だろう。しかし理屈では、あくまでも常識という枠から出ることができなくなってしまうのだ。

私のところへあるお年寄りが、相談に訪ねて来たことがあった。「自分がなんのために、生きているのかわからない」という。

知識も経験もあるお年寄りでさえ、こうなのだ。特に現代教育を受けた若者ならなおさらだろう。

学校では、問題を用意し生徒に答えさせる。まず初めに、与えるところからスタートしている。

私は、このお年寄りにいった。

「人間は、初めから生まれてくることに理屈はない。あなた自身が、はたして生まれようとして生まれたのでしょうか。自分の意志ではなかったはずです。

だから初めに、意味なんてないんです。自分自身が生きていく過程の中で、見い出していくものなのではないでしょうか」と。

ふと、こんな話を思い出した。発想の転換、既成概念にとらわれないことの例え話である

昔、アルキメデスが、王様から厳命を受けた。王様の王冠が純金であるか、調べるようにと。

悪い職人が、純金だと偽って混ぜ物を入れているといううわさがあったからだ。王様の王冠だから、こわすわけにはいかない。すっかり頭をかかえてしまったアルキメデス。

そこで気分転換に、風呂に入った。その時にひらめいたのだ。

アルキメデスは水を張《は》った入れ物に、まず王冠と同じ重さの純金を入れ、そっと出した。そして再び同じ入れ物に水を満たし今度は、王冠を入れた。

もし、その入れ物からこぼれた水の量に差があれば、純金ではないということ。そしてその王冠はやはり純金ではなかったのだ。

「常識を超えろ」。一休さんが伝えたかったのはこのことだった。

こだわりやとらわれから離れる

悟ってみれば　仏も下駄《げた》も同じ木の片《きれ》

極悪非道の大悪党と呼ばれた提婆《だいば》の仁三郎という男が死んだ。そんな奴に葬式などしてやる必要はないと皆が話し合っているところに、一休さんが通りかかった。

そして自分が葬式をやってやるといいだしたのだ。この日は大変寒い日であった。しかし居爐裡《いろり》には薪《たきぎ》がない。

おもむろに一休さんは、仏壇から木の仏像を取り出し、これを居爐裡に放り込み暖《だん》をとったという。

そして「汝等《なんじ》不審を抱くことなかれ、昔丹霞《たんか》という和尚は、大悟《たいご》して寒天《かんてん》（寒い天候）に恵林寺《えりんじ》の木仏を焼きたることあり、我れ今、提婆の仁三郎という真の仏を造らんというに、いかでか仮の木仏を惜しむことあらん。悟ってみれば、仏も下駄も同じ木の片である」といった。

『葛藤集《かっとう》』に「丹霞、仏を焼く」という話がある。丹霞和尚が洛陽《らくよう》の恵林寺《えりんじ》で厳しい寒さに遭遇した。そこで仏殿の中の木仏を持ち出し薪にして、その火にあたったという。院主がたまたまその姿を見つけ、「なぜ私の寺の木仏を焼いたりするのか」と叱ると、丹霞は杖で灰を払いながら「私は木仏を焼いて仏舎利《ぶっしゃり》（釈迦の骨）を取ろうとしているのだ」と答える。

院主は再び「木仏になんで仏舎利などあろうか」と問うと、丹霞は「仏舎利が無いというのなら、さらに二つの木仏を持ち出し焼くので許していただきたい」と答える。

院主の眉毛が抜け落ちた。

「眉毛が抜け落ちる」というのは、中国では嘘をつくと眉毛が抜け落ちるという伝説があったからである。木仏を焼いた丹霞には何もおこらず、院主に罰があたったとはどういうことかという問答である。

一休さんはこの話を持ち出し、丹霞和尚と自分は同じ気持ちだと示したのだ。仏とは、本当はなんなのか、決して木で仏の姿を彫った物が仏というわけではない。今、仁三郎は死んで一切のとらわれから離れ真の仏となろうとする時だ。そこに差別があってはならない。

中国から日本に臨済《りんざい》宗を持ち帰った栄西《えいさい》禅師が京都の建仁寺《けんにんじ》を建立された時に、親子づれのホームレスが訪ねて来て、なにか恵んでくれといった。その時、金銭のなかった栄西禅師は仏像をわたし、「これを売って足しにしろ」といったと伝えられる。

周りの者が、せっかくこの仏像を収めるお堂が建ったのに大切な中身をあげては、示しがつきませんといった。

栄西は、「死んだ仏さんより生きた仏さんだ」と答えたという。

これは、なにが本当に大切であるかを教えたものだろう。

なによりの教示は、こだわりが一番いけないということなのだ。

禅では、仏像が一番大切だとは考えない。ただ、仏像なくしてなかなか人は、他を拝《おが》む気持ちにはならない。だからそのためにある対象物で、本来拝む気持ちこそ仏の心であり、それを導き出す手段が仏像という物。

最終的には、こういう対象物ではなく、すべての人にその気持ちが向けられるようになることこそが理想であり、それが慈悲というものといえる。

これは、仏像だけのことをいっている話ではない。世の中の人は色々なことに関して、こだわりやとらわれをもって生きている。そういうものから離れると生きやすくなるということを一休さんは教えてくれている。

「仏も下駄も同じ木の片」とは、一休さんも私も同じ仏性《ぶっしょう》（仏の才能）を宿した存在であり、そこを信じることが仏法であり禅であるという教えである。

とらわれない自然の心

我は山家《やまが》の虫坊主なれば　万事《ばんじ》にくらく　其のかかわりには有の見もなく
無の空見も無し
有無を離れし人は　我が意を知るべし

禅は、無の宗教である。その心に到ることを「無心」という。しかしこの無心が、なかなかわからない。無心とは、何も思わず考えない心だと誤解される。しかし、それでは人間ではない。人間には感情もあり、ロボットではない。

禅ではよくバカになれというが、このバカとただのバカは違う。禅は、とらわれない、純粋一途をバカと表現しているのだ。

思わないのではなく、思ったら思ったでよい、思わなければ思わなくてもよい。その適当、とらわれない自然の心、それが無心ということ。

基本、人間は物事を二元対立でみる。好きと嫌い、善と悪、白と黒というように。そしてその片方良しとみれば、片方はダメとなる。しかし、それは絶対的なものではないのだ。その人のおかれている立場、環境、また、年齢、性別などによって変化するものなのだ。

ここで一休さんがいう「山家の虫坊主」とは、寺も持たないような虫ケラのような坊主ということ。「万事にくらく」とは、まともな修行もしていないからなにもわからず、悟りも開いていないということ。

「有無を離れし人は、我が意を知るべし」とは、こういうところを超え悟りを開いた者こそ、この一休さんの心がわかるのだということ。

しかし一休さんの本心を読みとれば、残念ながら、この世にこの心がわかる者は一人もいない、ということになるのだろう。

この文章には、続きがある。

「今にては頭を剃《そ》り、色衣《しきえ》を着し、大寺の住持《じゅうじ》となれば、自分にもよき出家となりたると思い、他の人よりも尊き出家と思うことなり」

「色衣」とは、黒ではないはでな高位の僧を示す衣のこと。「大寺の住持」とは、権力のある由緒ある寺ということ。そういう寺の住職になると自分でもできた坊さんになったと錯覚してしまう。

坊さんは、欲を捨てろという。それなのにそういう寺に入りたいということ自体が、矛盾しているのではないか。

本当に偉い坊さんとはなにか、疑問を投げ掛ける一休さんの姿がここにある。

一休さんは、晩年、大徳寺《だいとくじ》の住職になった。しかし決して寺に近づこうとしなかった。各地を転々と移住し、粗末な庵《いおり》で過ごした。

そしてまた一休さんは、決して大衆にこびることはなかった。人からどう思われるかなどは気にもせず、自分の生き方をまげることをしなかった。

実際、人間の眼は前についているから自分の顔を見ることはできない。

そこで必要なのは、「心の眼」といわれるもの。この心の眼を養うため、我々は坐禅をする。すると自分の愚かさに気づき、自己への思い（自我）を離れ、本当の自分という者が見えてくる。とらわれから離れることができる。

欲のむなしさに気づいた時、自我は忘却し、無我に至る。

有無を離れた、自由なさわやかな生き方、それを一休さんは理想とした。するとそこでは、禅という言葉すら必要なくなってしまう。他との違いを示せなくなってしまう。だから一休さんの禅は、超禅なのだ。

「清濁《せいだく》あわせ呑《の》む」という言葉がある。一休さんを表すのにピッタリな表現だと思う。そんな人だったのではないかと、私は思う。

相手の生活態度に合わせて、ピンポイントで導いていく。臨機応変なその言動は、一見矛盾しているようで、その人その人に的確に響いてくる。

一休さんの出生《しゅっしょう》の秘密

天の沢東の海を渡り来て
後の小松の梢《こずえ》とぞなる

この歌は、まさに一休さんの出生に関わる内容のものである。

一休さんの父は北朝の後小松《ごこまつ》天皇、母は南朝藤原氏の娘で、一休さんは後小松天皇の側《そく》室《しつ》の子として生まれたのだ。

南北朝という混乱の中で生まれた一休さんは、時代の犠牲者といっていい存在であった。北朝方の者によって南朝の血を断たれようとすることを避けるためにとった手段、それが出家であった。六歳の時に、一休さんは京都安国寺にて出家させられたのだ。

聡明な母は、我が息子の命を守るため、離れ離れの道を選択するしかなかった。

その母の心中は、察するにあまりあるものがある。

ちなみに、一休さんの幼名は、千菊丸《せんぎくまる》と伝えられている。源義経は牛若丸《うしわかまる》、伊達政宗は梵天丸《ぼんてんまる》というように、幼名に〇〇丸という名を持つ者は多い。この〇〇丸という名には、魔除《まよ》けの意味が込められているのだそうだ。

汚い話であるが、丸とはウンチのことだからウンチを入れる器を「おまる」という。

ウンチは臭いから、邪気すら逃げてしまう。あえて汚い意味の字を使うことによって、悪鬼から我が子を守る、そんな親の願いが込められている名なのである。


さて歌の「天の沢」であるが、これは一休さんが尊敬していた中国宋代《そうだい》（宋王朝の時代）の高僧虚堂智愚《きどうちぐ》が、径山《きんざん》の天沢山《てんたくさん》に住んでいたことに由来する。この虚堂の生まれ変わりの一休さんが、海を渡ってきて「後の小松」つまり後小松天皇の「梢」すなわち天皇の子供となったという意味である。

出家した一休さんは、命を狙われていた立場上、当然自分の出生を語ることはできない。しかし自身の中では、血に対するプライドを持ちあわせていたであろう。

仏教のお釈迦様は、人間平等を説いた。カーストの厳しいインドにおいて、あえてそこを強く主張した。だから仏教の中には、差別がないはずである。一休さんも心の中ではそう考えていたであろう。

しかし、建仁寺での修行中、先輩僧達の会話を耳にする。自分は、源氏の流れをくむ生まれであるとか、公家《くげ》出身であるとか。

現実には、この僧侶の世界でさえこのような自慢がはびこっている。

この時、一休さんはあまりのひどさに耳をふさぎ外に飛び出していったという。この過剰なまでの反応がそのことを物語っている。

後に、本山を離れ、名誉に背を向けた妙心寺派謙翁《けんおう》和尚、大徳寺派華叟《かそう》和尚に心酔した一休さんの進むべき道は、この頃より確立されていったのであろう。

同じ臨済宗でも五山《ござん》派に学ぶべきものは、漢詩を中心とする学問。それに対して純禅という禅の核は、林下《りんか》といわれる寺にあると考えたのだろう。

まさに命をけずる猛烈な求道の末、見性《けんしょう》（悟りを開く）したのは、一休さん二七歳。

後小松天皇が退位したのは、一休さん一九歳の時である。まさにこの頃の一休さんは、自分が天皇の子であるということは、どうでもいいことであった。ひたすら禅の奥儀を極めることとしか眼中に無かったのであろう。

この歌がいつの頃のものであるかはわからないが、おそらく修行に一つの片がついて人生をふり返った時にできたものと思われる。

一休さんは、後小松天皇が亡くなる以前に、何度か（三四歳、四〇歳）、謁見《えっけん》をはたしている。互いに会いたかったであろう二人であったが、その機会を得るにはかなりの時間を要した。

この時天皇は、一休さんに対し、宝物などを与えたという。すまなかったという心情は、言葉として出さなくとも二人の心は通じあっていたのではないか。

その後、後小松天皇が亡くなり、一休さんの心の中にも段々と変化が生じてきた。自分の出生についてずっと伏せてきたが、もうそろそろ、語ってもいいのではないかと思うようになったのであろう。

そんな中で、心の発露《はつろ》として生まれたのがこの歌。つまり一休さんが中年から晩年にかけての間にできた歌であろうと私は考える。

つらい幼少期であったが、なにより生前にどうにか父に会うことができたことに私は安心し、救いを感じたのである。

生きることと死ぬこと

大名も　乞食《こつじき》も同じ月は月
地水火風のうつけ者めら　喝

丹後の宮津城主の桃井若狭介が亡くなった。葬儀に際し、八宗（華厳《けごん》、律《りつ》、法相《ほっそう》、三論《さんろん》、成実《じょうじつ》、倶舎《ぐしゃ》、天台《てんだい》、真言宗《しんごんしゅう》）の高僧を呼び、さらに引導を一休さんにという盛大な式典が取り行われた。

そしてまさに引導という時、若狭介の子息愛之介を一休さんは目の前に呼び寄せた。愛之介と五、六人の重役が近くにくると、パッと目を見開き、一言。

「大名も、乞食も同じ月は月、地水火風のうつけ者めら、喝！」と大声で叫んだ。皆がこの引導にびっくりしていると、おもむろに一休さんは語った。

「愛之介殿、人間が死ぬということには、その貴賤《きせん》貧富の変わりはない。今まで先祖から続く菩提寺《ぼだいじ》があるのだから、見栄をはり諸宗の僧侶を呼んでこんなことをするのは無益な話である。父、若狭介殿はここを心得違いした。親と同じ過ちを犯さぬよう、これは懲戒《いましめ》の引導である。だから今生きているうちに、これを授《さず》けたということだ。死んだ者に何を言っても仕方ない。生きている人に言って聞かせるのが何よりの引導である」と。

愛之介はいたく感心したという。

乞食といえば、今は差別用語になってしまう。しかしここでいう「大名も、乞食も同じ月は月」とは、人は人という無差別中の平等のことだ。

「地水火風」とは、仏教でいうあらゆる物質は、これらによって構成されているという元素。「四大」といって、後残るのは「空《くう》」。古い墓石などにも「空、風、火、水、地」と刻まれているのを見るが、それがすべてということ。

人間という物体も、四大が集まって出来ている。そこに身分による違いはない。

現代でも科学の世界では、酸素、水素、炭素、窒素という構成元素がいわれている。これらの元素の結びつきで人間は構成されているのであって、死ぬということはこれらが再び分解し元に返ったということにすぎない。そして残るのが、空。

仏教でいう空思想を一休さんは教えながら、同時に人のおろかな執着をいましめている。

木材、レンガ、セメント、土、瓦などが、土地に置かれているだけでは何の働きも起こらない。しかし大工さんが組み立て、一軒の家を建てれば、そこは人の住み家となる。人が集まり茶を飲み、憩《いこ》いの場ともなる。しかし、これがバラバラなら、何も起こらない。さらにそれらをどけてしまえば、元の野原でしかない。

人間の生き死にもそれと同じである。

「うつけ者」とは、愚か者。だからそれがわからない。死んでから仏になってどうする。生きているうちにこそ、仏のような善き人になることが大事なのだ。

葬儀には、死んでしまった人、さらに生きている人を導くという両面がある。

生きている者の願い、それは亡くなった者に成仏してほしいという想いである。そして安心して初めて、新たな一歩を歩めるようになる。

亡くなった者の願いは、残された者が今後の人生をいかに力強く生き抜いていけるかということ。

一休さんは、この両方の願いをいっきに解決してみせたのだ。

空の説明は、むずかしい。どうしても何もないと理解してしまうから。

だからさらに老婆心《ろうばしん》で語ってみる。人間はカルシウムやたんぱく質、水分などの成分でできている。それらが結びついて身体をつくる。するとそこに無いはずの心が発生する。

これが働きである。

単独では意味をなさないものが、組み合わされ形造り、さらに無いものまで生まれてくる。それが崩れて、再びなんでもないものになる。

それがつまり生死であり、だから執着しすぎるのは無駄ですよ、同じものは返ってはこないのですよ、とこうなるのである。

生きた仏か、糞袋《くそぶくろ》か

男女の淫楽《いんらく》は共に醜骨《しゅうこつ》を抱く

禅問答の中に「婆子焼庵《ばしそうあん》」という話がある。昔、ある老婆が一人の庵主《あんしゅ》（修行僧）のお世話をして、二〇年の間、一人の一六、七歳になったばかりの女の子に食事を運ばせ給仕させていた。

ある日、この女の子をこの庵主に抱きつかせ、「まさにこのような時はいかがですか」と問わせた。

庵主は「古木が寒巌《かんげん》に倚りそうばかり。大寒のように暖気は無い」と答えた。

女の子は帰ってそのことを老婆に話すと、この老婆は、「私は二〇年もの間、ただのろくでなしを供養（世話）していただけだった」といい、庵主を追い出し庵を焼き払ってしまったというのである。

この禅問答は、この庵主の答えをどう思うか、そしてこの老婆の行動は何を意味するものなのかを問う問題である。

さて、皆さんだったらどう答えるだろうか。今回、取り上げた一休さんの言葉は、この問題がモチーフになったものであろう。

ある時地獄太夫《じごくだゆう》という絶世の美女が一休さんに抱きつき、「まさにかかるとき如何《いかん》」と問う。

一休さんは、「文殊、女子と縁なし目無し仏々」と答える。太夫は、その真意がわからず「目無し仏と申しますのはどういう次第でしょうか」と再び尋《たず》ねる。

すると一休さんは「我、汝に心動かざるは、文殊、女子と縁なきがごとし。目あれば可も不可もある。目なくして見れば、汝のごとき美人もただ臭き皮袋に包んだ一つの骸骨である。男女の淫楽は共に醜骨を抱く、何《いず》れの時か夢にあらざる。何れの人か骸骨にあらざる。衆人ひとへに迷うは愚かの極み」と答えた（『骸骨』の法語）。

文殊《もんじゅ》菩薩は、智慧《ちえ》の象徴とされる仏様である。だから智慧の眼でみれば、美人も不美人もない。心のとらわれがないからである。

しかし凡人の目で見れば、そういう表面に躍らされることになる。

肉眼ではなく、心の眼を通して見れば、人間はしょせん糞袋であり、美人も不美人も同じ皮で包んだ骸骨《がいこつ》でしかない。

骸骨を相手にして、惚れた、はれたと色恋に狂うのは、まさに愚《おろ》かというしかあるまいと諭《さと》されたのだ。


学ぶ姿勢として最も重要なことは、素直と謙虚ということである。太夫は、その心を持っていた。だからたちどころに一休のいわんとすることを理解した。

自分が偉い者などと思い上がり、人の話に聞く耳を持たなければ、その人の進歩はそこで止まる。受け入れることができるから、その人の生き方の養分となるのだ。

目無し仏、心の眼で見る者こそ生きた仏であり、それができない者は一生本当に糞袋のままで終わる人生でしかない。

この後、太夫は出家したいといいだす。しかし一休さんは、これを拒否する。

形を粧《つくろ》うのが、貴女の本業。姿を変え稼業に背《そむ》くことはない。お能の曲目「江口《えぐち》」の遊女が出家した後の歌に、「髪を下し法衣の色を染ぬるを、なお情《つ》れ無きは心なりけり」とある。美しさを使って衆生《しゅじょう》の煩悩を安んじている。仏法だといって安売りをしながら衆生を惑わす邪僧《じゃそう》より遥かに優れている。決して姿を変えるべきではないと。

一休さんの職業に対する姿勢がわかる。職業に貴賤なしというけれど、本音と建て前の違う人がいかに多いか。一休さんは、本当に分けへだてすることがなかった。

すべてを超える

頭を剃《そ》ったは坊主也　茶を立てれば茶坊主なり

この句を見て、ふと思い出した話がある。

現代の生き仏と崇《あが》められた曹洞《そうとう》宗の宮崎奕保《えきほ》老師が小僧時代、神戸の福昌寺《ふくしょうじ》にお手伝いに出ていた。永平寺《えいへいじ》六六世、日置黙仙禅師《ひおきもくせんぜんじ》がこの寺にやってくるからと準備のためであった。

そんな宮崎少年に寺の僧がやって来て声を掛ける。

「禅師様がお前に会いたいそうだ」

「えっ、私ですか」

少年はびっくりして答える。本山のお偉い方など、自分とは縁遠いものだと思っていたし、関係ないものだと感じていたから。

実は自分の師匠は、禅師と旧知の間柄だったのだ。

「あいつ（師匠小堀老師）のところの小僧が来ているなら、会ってみたい」

そういうことだった。

「失礼します」

少年はそういって、禅師のいらっしゃる部屋へ入る。禅師はにこやかにいう。

「おう、よう来た。座りなさい」

緊張して顔を見ることのできない少年に、禅師は尋ねた。

「坊、お前は何坊主になる。お経坊主か。葬式坊主か。学者坊主か」

突然の質問に少年は答えられない。するとおもむろに、目の前のまんじゅうを手に取り禅師はいった。

「坊、手を出せ」

少年が恐る恐る手を出すと、その手にまんじゅうを載せながらいった。

「坐禅坊主になれよ」

この時、少年は、いわんとする意味がわからなかった。ただ、師匠と同じことをいうんだなと感じた。

後に師にいわれ、宮崎老師は大徳寺で修行する。

「今の曹洞宗は、勉強勉強と頭ばかりの仏法になっている。だから臨済へ行ってみよ、中でも大徳寺は、坐禅でも一番だから」

師匠は、宗派の垣根を超えている。これが簡単ではないことは、この世界で生きる私にはよくわかる。

そしてここでいいたいことは、曹洞宗を批判しているのではないこと。禅宗二大宗派である臨済・曹洞はお互い、時代時代で切磋琢磨《せっさたくま》してきたということである。

ただ、この時の老師には、まだわからなかった。

「そんなことをするより、他にやることがあると思っていた。体を動かして田んぼの草取りをしているほうが、よっぽど生活だ。黙って坐るなんて無駄な時間」と考えたのだ。

実際、この時老師は三年の修行で一度大徳寺を辞している。しかし再び、今度は自分の意志でもどってくる。それこそ、この時初めて師の心がわかったということだろう。

話が長くなってしまった。

この一休さんの句には続きがある。


「三味線を弾けば座頭《ざとう》なり。衣を着れば堂守坊主なり。誠の出家というは、生死の家も出、善悪の家も出、仏の家も出、万事にはなれ切りたる人をさして、僧俗男女に限らず、誠の出家というなり。釈迦をはじめ、八家九宗《はっけくしゅう》の祖師は一つとして、住家無く心の出家をしたる人ゆえ、誠の出家というなり」

禅宗坊主は、まず坐禅。そしてすべてをつき抜け、とらわれを離れ、こだわりを超えること。

一休さんも宮崎老師の師もいわんとするのは、このことである。姿や形ではない。寺に住むことでもない。まして出家とは、職業ではないのである。

その志さえあれば、それが本当の出家。なかなかそこがわからないから、改めていったまでのこと。

ちなみに、茶坊主も座頭も頭を丸めていたので、坊主もどきの例としていったまで。さらに出家者といいながら、真の心の出家までしていない僧への一休さんの批判でもある。

人生の無常に目を向ける

門松《かどまつ》は　冥土《めいど》の旅の一里塚《いちりづか》
目出度《めでた》くもあり目出度くもなし

一休さんの有名な逸話の一つに、正月に髑髏《しゃれこうべ》を棒につけ、ツエにして「御用心御用心」と叫びながら歩きまわったという。

町の人はこれを気味悪がり、「和尚さんはなんで正月の縁起の良い時にそんなことをするのですか」と尋ねると、一休さんはこの一句で答えたという話である。

当時京都では、正月三ヶ日表戸を締めるという習慣があったそうだが、これはこの一休さんの行動によって始まった風習だということである。

この言葉には引っ掛けがあり、ドクロには目の玉が無い。それにちなんで正月の目出度いのと、ドクロの目が無くなっていることを掛けている。まさに駄洒落《だじゃれ》。

厳しい現実にも、一休さんの優しさとユーモアが感じられ、救いと慈悲がここに感じられる。

本来、仏教では正月を「修正会《しゅしょうえ》」といい、まさに、こんな時だからこそ襟《えり》を正す必要があると教えている。修正の正は一度立ち止まって本当のところを見つめ直すということ。「一年の計は、元旦に有り」というけれど、新年というのは、また一つ歳をとるということであり、死が近づいてくることでもある。

日本仏教が「葬式仏教」といわれ、揶揄《やゆ》されて久しい。しかし私は、手前味噌《てまえみそ》ではないけれど、それが決して悪いことだとは考えていない。葬式は死を通して生を考える機縁《きえん》となるからだ。

身近な人が亡くなって、初めて死のリアルを感じることができる。普段目をつむり、いやなことはさけるという人も、こんな時は考えざるを得ないようになる。

仏教は、本来死んだ人を相手にするものではなく、生きる者を相手にする。お釈迦様の時代はそうであった。このことは、否定しない。しかし、時代が進み、中国、日本へと仏教が入ってくる過程で、坊さんは葬式の専門職になっていった。

仏教も中国、日本に初めて入ってきた頃は、当時の新興宗教である。だからその教えを拡《ひろ》めていくために、その場を確保することを考えて葬式を受け入れたのだと思う。

つまり、仏教の話を聞いてくれる機会を得る場所が、葬式という儀式だったのだ。

現在、一般人にとって坊さんは、「葬式をする人」という認識になり、また坊さんの中にも、葬式さえやれば自分の仕事を終えたと考える者がいるやも知れぬ。

けれど仏教徒にとって、葬式は手段であり目的ではないのだ。本末転倒もはなはだしい。「仏教の教えを知ってもらうこと」。一休さんは、ここのところは、一点のブレもない。「生死一如《しょうじいちにょ》」という。人間は生まれた以上、死ぬ。生と死は別物ではない。それを今一度、見つめ直すことを一休さんは伝えたかったのだ。

また別に、正月の歌に「正月の儀式は死ぬること始め　爆竹は火葬、二〇日骨上げ」というのもある。

「爆竹は火葬」とは、昔正月に爆竹を鳴らして祝ったということをいっている。今でも中国などでは、祝い事に爆竹を鳴らすことが行われている。

また、昔は火葬の折、遺体を木で燃やしたが、その木のハジける音と爆竹の音が似ていることをいっている。

「二〇日骨上げ」は、二〇日正月のこと、二〇日を正月最後の日としたということ。「二〇日骨上げ」といって、正月の料理はここら辺で終わる。骨や頭《かしら》まで食べ尽くしてしまうことから、骨正月とか骨おろしとも呼ばれた。

つまり、火葬の後の骨上げを意識して表現した歌なのである。

「浮かれている時にあえて、人生の無常に目覚めさせよ」。それこそが一休さんの教えである。

嬉しい時は笑い、怒れば罵《ののし》る

我れ死ねど　どこへも往《い》かぬここに居る
　尋ねはするな　ものはいわぬぞ

一休さんがご臨終《りんじゅう》の間際、弟子の一人が「和尚様、死んでどちらへ行かれます」と尋ねる。すると、一休さんはこう答えた。

「我れ死ねど　どこへも往かぬここに居る　尋ねはするな　ものはいわぬぞ」

一休さんは、山城薪《たきぎ》村の酬恩庵《しゅうおんあん》（通称一休寺）で亡くなられた。八八歳であった。まさに人生最後の句がこれである。

一休さんは、今の時代であったとしても驚異的な長寿といっていい年齢まで生きた。この時代の人の感覚でいえば、今でいう一三〇歳位に価《あたい》するのではないか。

酬恩庵には、一休さんの墓が現在もある。墓の前庭は弟子の一人村田《むらた》珠光《じゅこう》（茶のルーツの人）作と伝えられ、その管轄は宮内庁、門には菊の御紋《ごもん》が入っている。

一休さんは実は、天皇の子ではなく創作だという人もいるようだが、少なくとも国は認めているということになる。

一休さんの晩年は、瘧《おこり》の病（周期的に悪寒《おかん》と発熱を繰り返す伝染病）に苦しんだ。しかしながら、応仁の乱で燃えた大徳寺の復興にも力を注いだ。

八一歳で大徳寺第四八世住持となり、大坂・堺の商人などの財力を得て次々と建築物を建てていった。実際には一休さんは高齢のため、その弟子達が一休さんの名を借りてこのような事業が進められたのであろうことは、容易に推測できる。

一休さんは、他に類《るい》を見ない禅僧であったことは間違いない。しかしそれは、優れた弟子達がいたからだと私は思う。それは、一休さんの心を伝承する人がいたということでもある。

一休さんは、死して後もしっかりと弟子達や民衆の心に生き続けた。

「どこへも往かぬ、ここに居る」とは、まさにこのことだろう。禅ではこれを以心伝心《いしんでんしん》（心から心に伝えていく）という。

お釈迦様は亡くなる時、「自燈明《じとうみょう》、法燈明《ほうとうみょう》」といわれたと伝えられる。

「お前達は、自分自身を拠《よ》りどころとし、法（釈迦の教え）を拠りどころとしなさい。それ以外のものを拠りどころとしてはいけない」ということ。

釈迦の肉体は亡び、一休さんもまたしかり。しかしその教えは、残された者の心に残る。その教えを自分の生きる今後の糧《かて》とせよ。

一休さんも、もうものはいわぬが、声なき声は聞きとれ。残された者に、心構えさえあればきっと聞きとることができる、と教えているのだ。

亡くなった年の一休年譜がある。

この年、四月下旬大徳寺の正門、偏門復興。古い城の礎《いしずえ》で雨だれ受けを築き、土木工事を人に指示し、七月に落慶法要（完成の披露）。

一〇月、瘧《おこり》がおこるがなおる。体力の衰えがあったが、要人との対面では平素と変わらず。

一一月九日、危篤《きとく》。

二一日午前六時、静かに坐禅を組み亡くなる。すぐに墓所に納める。

一休さんからは、生前葬式などの祭典を派手にするなとの遺言がありこのような形になった。

まさに亡くなる直前までぶあつい生き方をした人生であった。

そして年譜には、一休さんの人となりについても、次のように書かれている。

「平等の慈悲でものにのぞみ、身分の差別をしなかった。商売人や幼い子供にも粗末な待《たい》遇《ぐう》をせず、側近の僧や門下の弟子ですら古なじみとしなかった。子供が鬚《ひげ》をひっぱっては馴れしたがい、小鳥や雀は手の上で餌を食べた。恵み助けることを喜び、もらう時はもらい、与える時は与えた。嬉しい時は笑い、怒れば罵《ののし》り、ひそかに鞭撻《べんたつ》し、ひそかに鍛錬《たんれん》した。」(『一休和尚年譜の研究』平野宗浄著)

いかがだろうか。地獄、極楽もとらわれであり、無から生じ無心に生き、無に帰する。それが禅の教えというのが、一休さん最後の教えである。

第二章

流れる

迷いなければ悟りなし

釈迦といういたずらものが世にいでて
おおくの人をまよわするかな

一休さんの道歌《どうか》のなかでも、よく知られたものの一つ。我が仏教のルーツで祖師であるお釈迦様でさえ、いたずら者といってしまう一休さん。一般からみればそのインパクトは強烈だ。

今からおよそ二五〇〇年前、インドの地で生まれた仏教。その仏教の祖であるお釈迦様は、仏教徒にとって最も尊敬すべき人物であり、最大の功労者といってもいい。

この尊い教えによって、これまでどれほどの者が救われてきたか。それなのになぜ一休さんは、「迷わするかな」などといったのか。

「抑下《よくげ》の托上《たくじょう》」という言葉がある。抑下とは抑えること、托上は持ち上げること。つまり悪くいいながら誉《ほ》めるという一種独特の言いまわし。

例えば「家《うち》の愚妻《ぐさい》」という表現は、本当に愚かな妻だと思っていっているわけではなく、そこにはかえって深い愛情がある。

自分の子供を「この餓鬼《がき》は困ったもので」といっても、真剣に困っているのではない。その内心は、照れ隠しの自慢が入っているということ。

悟りとはなにか。そんなものが本当にあるのか。その疑問、迷い。それを超えるために我々は修行をする。そして「迷いなければ悟りなし」という境地に達するのである。

それこそこの一休さんの言葉の「いたずらもの」が、実は自分自身であるとも読み解ける。

他にも中国唐代の雲門《うんもん》和尚などは過激なことをいっている。「釈迦は生まれると七歩歩いて、一手は天を指し一手は地を指して、天上天下唯我独尊《てんじょうてんげゆいがどくそん》といったそうだが、自分がその場に居合わせたら、一棒の下に彼を打ち殺して、犬にでも食わせてやったものを」と。

臨済《りんざい》宗の名の元である臨済和尚は「仏に遇《お》うては仏を殺し、祖に遇うては祖を殺し……」といい、まったくもって物騒《ぶっそう》なものである。

禅僧とは本当に、煮ても焼いても喰《く》えない存在である。

「何だ。むずかしいことはなにもなかった」というあたり前のことをあたり前に見られるようになること。それが悟りであり、釈迦がいいたかったことなのだという心を示す一休さんの独特な表現がこれである。

道元《どうげん》禅師は比叡山《ひえいざん》で修行していた時に、「お経に記すあらゆる物に仏性《ぶっしょう》があるといっているのに、なぜ我々は修行しなければならないのか」との疑問を抱いたという。

そしてその解決のため、それこそ命をかけて中国宋《そう》に渡った。

宋から帰国した道元に、日本の人々が、なにがわかったのかと尋ねると「我れ、彼の地において、眼横鼻直《がんのうびちょく》なることを得たり」と道元は答えた。

眼は横向きにあり、鼻は縦についていることがわかったというのである。

また江戸初期の盤珪《ばんけい》禅師は、坐禅を続けるうちに尻の皮が破れて血が出てきたという。そしてついに死ぬ寸前というところまで坐り続け、こんな簡単なことだったと気づいたという。

ある船が海を航海中、嵐に遭い知らぬうちに大きな河に入り込んだという。船の飲料水も尽きてきてしまった。

もうダメだという状態になって、やけくそになって海の水でも飲んでやろうと、船上から水をくみ上げた。するとそれは、真水だったのである。まさに目の前にあった。

それに似たのが、この悟りの世界。自分の知らない遠いかけ離れた世界に悟りがあるのではない。

それは己々《おのおの》、誰もが持ち合わせているこの自分の心の内にあったと知ること。しかしそこに到るには、それこそ命をかけるほどの志で臨むことが必要なのだ。その苦労、努力がないと、このあたり前の真実に気づくことはできない。

道元、盤珪の言動もつまるところそこを示してくれている。

一休さんの「迷う」というのは、その道すがらを表現したものということなのだ。

「自我」という欲を捨てる

聞きしより　見て恐ろしき地獄かな

地獄太夫《じごくだゆう》は、美人であると同時に人柄も教養も一流だったという。当然、一休さんはその噂を聞き太夫に興味を持った。

そこでヒョコヒョコと太夫に会いにいったのである。見ればまさに噂通りの美しい太夫におもわず、「聞きしより　見て恐ろしき地獄かな」と一休さんはいったという。

すると太夫は「行き来る人も落ちざらめやは」と答えた。「みんなはまるヨ」ということを、格調高く答えたので、一休さんは、おおいに感心した。

すると今度は、太夫のほうから一休さんに「極楽と申しまするは、一〇万億土と承りましたが、これはいずこでございますか」と質問した。

対して一休さん、傍《かたわ》らにあった水差を取って角《つの》だらいに水を注いでいう。

「この水に面を映して見よ。これは心の鬼の角だらいである。我という器があれば心という水が入る。この水である心には、諸々の煩悩や森羅万象《しんらばんしょう》の影を映すことになる。これは影が来て映るのではなく、心という水が求めて映すのである。水を捨てて器を去る時、即ち物の影は映ることはない。水を捨てよ。器を去れ。無我になれ、無心になれ」

（『水鏡』の法語）

そういって角だらいの水を側へあけてしまった。

一休さんはよく人間を器に入れた水とたとえる。水を捨て器を去れとは、自分というこだわりを捨てて生きよということ。それが仏になるということであり、仏になれば現実の自分の生きる世界が、そのまま極楽であるというのである。

しかしなかなかどうして、器を去り水を捨てられないのが人間であり、だから住みにくい世の中だなどと感じる日々を過ごすことになる。

器の中に欲という水を入れ、なにかあると音を立てる。自我という欲は、無我の逆だからけたたましい音など無い静かな生活とは、ますます離れていってしまう。

自分さえよければいいという心から、人のために生きるという慈悲心を起こすこと。それこそ器に水をいっぱい満たした状態であり、音がしなくなるということなのだ。

禅宗では、心を水にたとえることがある。禅を信仰した黒田官兵衛《くろだかんべえ》は、自らを如水《じょすい》と名のったほど、この水にこだわった。

戦国時代、織田信長、豊臣秀吉に仕え「知謀《ちぼう》の策士」と呼ばれ恐れられた大人物。実際、秀吉はある会合の席で、「私の後、天下を治めるのは誰か」と一同に問うと、皆一様に「徳川家康」の名を挙げたという。しかし秀吉はこれを否定し、「黒田官兵衛」といったというのである。その話を伝え聞いた官兵衛は、さっさと家督《かとく》を息子長政に譲り渡したのだ。官兵衛のこの時の心こそ、水が満ち満ちた状態だった。もし自分の立場、地位に執着していれば、このような行動には出られなかっただろうし、黒田家の命運は尽きていたのではないか。この官兵衛作と伝えられる「水五則」なるものがある。大変含蓄《がんちく》のあるものなので、ここで紹介したい。

一、自ら活動して、他を動かしむるは水なり。
二、つねに己れの進路を求めてやまざるは水なり。
三、障害にあいて激しくその勢力を百倍し得るは水なり。
四、自ら潔《いさぎよ》うして、他の汚濁《おだく》を洗い、清濁あわせ容るる量あるは水なり。
五、洋々として大海をみたし、発しては雲となり、雨雪と変じ、霰《きり》と化す。凝《こ》しては玲《れい》瓏《ろう》たる鏡となり、しかも性を失わざるは水なり。

人間の器（身体）は、ほとんどが水分。命の源《みなもと》の活かし方から、一休さんは教えているのだ。

修行に向かう姿勢

大根小さしといえど小根とはいはず
出家をとらえて小僧とはこれいかん

一休さんの小僧時代であるから、安国寺《あんこくじ》での修行の頃のことかもしれない。

まず一般の人に説明しておかなければいけないが、寺に入り有髪での見習い期間の子供は、「侍童《じどう》」「喝食《かつじき》」といい、剃髪《ていはつ》してからを「小僧」という。

この小僧時代は、お経を憶えたり漢詩の素養《そよう》を身につける。また寺の法式《ほっしき》（作法、規則）などもこの時期に学ぶ。

一休さんは、特殊な人（皇族）だったので、初めどういうあつかいであったかさだかではないが、これは小僧時代の話。

一休さんを含め数人の小僧は、「中ぬき」という大根を洗っていた。そこへ一人の雲水《うんすい》がやってきて、「おい、小僧」と声を掛けた。

雲水とは、小僧生活を経て本格的な禅修行に入った者のことである。現在のお寺事情をいえば、昔と違い、小僧をする者はほとんどいないのが現状である。

これは坊さんが結婚するようになったことが大きな要因であり、自身の子供が生まれてくることが増えたためだ。

つまり師匠がそのまま親であるということにつながり、厳しい師弟関係を結ぶことが困難になってきた。学校の勉強はさせるが、寺の教育までいきとどかない。現実に雲水として、道場（修行寺）へ入門してきて、初めてお経に触れるなどという者もでてきている。

ただし声を大にしていいたいのが、坊さんが結婚するようになったのは、決して坊さんが堕落したからではない。

明治時代に国策として、坊さんは結婚させられたのだ。歴史の教科書でも出てくるが、当時日本では、「廃仏毀釈《はいぶつきしゃく》」という運動が起こる。寺や仏像を壊すという政策だったが、これを止める条件として結婚がもちだされた。

なぜこのようなことをいったかというと、お寺はかなりの力を持っていたので、天皇中心の国家をつくるため、その力を弱体化させなければならなかったからだ。一般の民衆の信仰心をそぐには、僧の俗物化が必須だったのだ。このことによって、日本仏教は大きな転換期を迎えた。

聖徳太子《しょうとくたいし》以来、日本は仏教を信仰してきたのだ。それは皇室もしかり。一休さんが天皇の子であるということでも明らかではないか。しかし明治になり、天皇は現人神《あらひとがみ》であるとされた。神が他（仏）を拝んではいけなくなったのだ。

話がだいぶ脱線してしまった。元に戻そう。

雲水は、「おい、小僧」と呼ぶ、この上から目線の声掛けに一休さんは聞こえぬふりをする。そして周りの小僧仲間にも「皆も返事をするな」と小声で伝える。

すると雲水は、前より大声で「おい小僧」とさらに続けた。そして一休さんの肩に手を掛けてポンと叩いた。

すると一休さんは、この一句「大根小さしといえど小根とはいはず」とこの雲水に問答をしかけたのだ。

雲水は何も答えられず、逃げ出してしまった。この時の一休さんの歳がいくつであったかはわからない。しかしイメージとしては、一休さん一二、三歳、雲水は二二、三歳というところであろうか。

同じ坊さんではあるが、大人と子供。それでも一休さんはいう。年上ではあるが雲水も小僧も仏門を志《こころざ》し出家したのには変わりない。そこに差別があるのはおかしい。そんなものに優越感や劣等感などもつ必要はない。

大事なのは、その修行に向かう姿勢であり、その内容なのだと。

歳や体の大小ではなく、その精神的耐久性こそ、という反骨心旺盛な一休さんのたくましさを感じるものである。

自分のためが人のために

惜しからず　物蓄えず　欲しからず
着のみ着のまま　これが極楽

北畠伊勢守《いせのかみ》が愛する我が子鶴丸を亡くしてしまい、大変なショックを受けた。日が経ち三回忌となったが、その折地蔵菩薩を造り、その法要を一休さんに依頼した。つつがなく法要も終わり、一休さんが帰ろうとすると大変感激した伊勢守は想像もしないような御布施《おふせ》を差し出した。

一休さんはこれを見ると、いっさいそれを受けとろうとせず一言。

「惜しからず、物蓄えず、欲しからず、着のみ着のまま、これが極楽」と。

さらに「私は少しも要らんから、これを貧しい人々に恵んであげなさい。それこそ鶴丸の供養にもなるから」と。そして飄然《ひょうぜん》と帰って行ったのだった。

ところで唐突ではあるが、みなさんは、エルトンのピラミッド（生態ピラミッド）というのをご存じだろうか。

およそ皇居の広さ二平方キロメートルの土地に木が繁《しげ》っている。そこには虫が十二万五千匹いるといわれる。その虫を食べる四十雀《しじゅうから》は、七七九羽、またそれを狙うハゲタカは一羽。この体系によって自然界のバランスが保たれているというのだ。このバランスがくずれると、それらの生物は絶滅してしまうということ。

人間による乱獲は、まさに自分達の生命を脅《おびや》かす行為である。よくライオンは、お腹が減っていなければ、目の前のゼブラを喰《く》うことはないといわれる。他の動物は食べきれない蓄えをしようなどとはしない。

人間は、欲を満たすために自然を破壊し資源を枯渇《こかつ》させている。日本は、飽食《ほうしょく》の時代といわれて久しい。

そんな今という時代だからこそ、この一休さんの言句をかみしめてほしい。


一人一人の人間が、少しずつでも欲を捨て、今必要とするだけの物で満足できるようになれば、もっともっと住みやすい環境ができる。

昭和の時代がなつかしいのは、こんな心がまだまだあった時代だからではないか。私も子供の頃のことを想うと、隣の家の人がちょっときらした醤油を借りにきたり、そんなことが記憶に残っている。

決して物質的には豊かではなかったけれど、心の豊かさがあったように思う。本当は、このような関係を、平成の世の中を生きる我々は望んでいるのではないか。だからこそ、「ALWAYS 三丁目の夕日」という映画がはやったのだろう。

そしてこれは、食料だけの話ではない。

亡くなったスウェーデンのパルメ元首相は生前こう語っていた。

日本が戦後、一切の軍備を捨て去り、平和産業に徹して発展を遂《と》げたことを世界のモデルとして賞讃し、兵器を捨てて旧時代に逆戻りした国は世界史上例がないと。

平和という極楽にある日本を忘れてはいけない。今の日本は、少々恐《おそ》ろしい方向に向かっているように感じているのは、私だけだろうか。

全面軍縮を念頭において、世界に誇れる日本であってほしい。

話がだいぶそれてしまったけれど、極楽とはまさに心の平安のこと。心乱れなければ、そこが極楽。

そのためには、我が欲求を今一度見つめ直すことが必要。

『法句経《ほっくぎょう》』にある一節。

わずらひなきは第一の利
足るを知ることは第一の富
信頼を持つは第一の親族

涅槃《ねはん》こそは安楽である

「自利利他」という仏教の言葉もあるけれど、自己を空《くう》じ人のために生きる。すると自然と良好な人間関係が生まれ、利害関係にとらわれない大らかな人柄ができあがる。自分のためがそのまま人のためになっている。そういう環境サイクルが構築されるのだ。それがすなわち、一休さんのいう極楽ということ。

枯《こ》淡《たん》、清貧に生きる

笊籬《いかき》を売って多銭に直《あた》らず
笊籬を売却して甚《はなは》だ風流

龐《ほう》居士《こじ》は、在家《ざいけ》（一般人）のまま禅の奥義を極《きわ》めたといわれる人物である。「二大士壁《へき》立《りゅう》」と称された石頭《せきとう》禅師、馬祖《ばそ》禅師に参じ「維摩《ゆいま》の再来」と呼ばれた。

禅宗では、戒名に「居士《こじ》」とつけることがあるが、それとは別に、一般の参禅者を「居士」と称する。維摩も龐も僧侶ではないが、一般の禅僧がタバになっても勝てなかったほどの力量の持ち主。

禅では、悟ることがなによりも重要で、そこに在家、出家の区別はない。ここに禅の公明正大性がある。私が禅を信じる大きな要素の一つだ。

考えてみれば大徳寺《だいとくじ》の開山大燈《だいとう》国師も、弟子で妙心寺を開いた関山《かんざん》より年下であった。一休さんは兄弟子養叟《ようそう》よりかなり年下であるが、先に悟りを開いた。悟りには、職業も肩書きも年齢も関係がないことを示している。

ちなみに龐居士と馬祖禅師の問答はよく知られるもので、禅画にも描かれている。

龐が尋ねる。

「絶対の自己とは、どのようなものですか？」

馬祖はいう。

「西江《せいこう》の水を飲み干したら教えてやろう」

ただこれだけの会話である。わけがわからないと思うが、あえて禅問答とはどのようなものかを表す一つの例としてとりあげた。

後に大徳寺で修行した茶人、千利休《せんのりきゅう》はこの問答で悟ったといわれる。

龐居士には、妻と一男一女の子がいたが皆で禅を信仰し、家族全員修行に励んだという。悟りを開いた龐は家財道具をまとめて湖に投げ捨てたといわれる。

しかし霞《かすみ》を喰《く》って生きてはいけないので、居士は竹を編んでザルやカゴを作り、娘がこれを売って生活していた。

ここを一休さんは、歌にしたのだ。「多銭に直らず」は居士への敬愛であり、娘へは「売却して甚だ風流」と賞賛している。

禅のキーワードとして、「枯淡《こたん》」「清貧」などが挙げられるが、まちがいなく一休さんはこれを禅僧の理想とした。
師の謙翁、華叟を見ても明らかである。
大徳寺では、毎朝唱える『興禅大燈国師遺誡《ゆいかい》』というお経がある。一休さんが慕《した》う大徳寺の宗風がよく示されている。

汝等諸人《なんじらしょにん》、此《こ》の山中に来って、道《どう》の為に頭《こうべ》を聚《あつ》む。衣食《えじき》の為にする事莫《なか》れ。肩あって着ずと云う事なく、口あって食《く》らわずと云う事なし。只《た》だ須《すべか》らく十二時中、無理会《むりえ》の処《ところ》に向って、窮《きわ》め来り窮め去るべし。光陰箭《や》の如し。謹《つつ》しんで雑用心《ぞうようしん》すること勿《なか》れ。看取《かんしゅ》せよ。看取せよ。

老僧行脚《あんぎゃ》の後、或いは寺門繁興《はんこう》、仏閣経巻、金銀を鏤《ちりば》め、多衆閙熱《たしゅにょうねつ》、或いは誦経諷咒《じゅきょうふじゅ》、長坐不臥《ちょうざふが》、一食卯斎《いちじきぼうさい》、六時《ろくじ》行道、直饒恁麼《たといいんも》にし去ると雖《いえど》も、仏祖不伝の妙道を以って胸間に掛在《かざい》せずんば、忽《すなわ》ち因果を撥無《はつむ》し真風地に墜つ、併《み》な是れ邪魔の種族なり。老僧世を去ること久しくとも、児孫と称することを許さじ。或いは一人《いちにん》あり、野外に綿蕝《めんぜつ》し、一把《いっぱ》茅底《ぼうてい》、折脚鐺内《せっきゃくしょうない》に野菜根を煮て、喫して日を過すとも、専一《せんいつ》に己事《こじ》を究明する底は老僧と日々相見報恩底《しょうけんほうおんてい》の人なり。誰《たれ》か敢えて軽忽《きょうこつ》せんや。勉旃《べんせん》勉旃。

少々むずかしい表現もあるが、その格調を味わっていただきたく、全文をのせた。

「衣食の為にする事莫れ。云々《うんぬん》」とは、着るもの、食うために集まったのではない。仏道を究《きわ》めるためであり、ちゃんとやっていればそれらは付いてくる。

「野外に綿蕝し、云々」とは、茅屋で割れ鍋の中に野菜クズを煮て喫《きっ》す生活でも、己事究明《こじきゅうめい》（悟り）にひたすら専念する者は、自分の同志であり私の児孫なのだと。

「勉旃」とは、よく励めということ。

一休さんはこの高峻《こうしゅん》な空気を守りたかった。養叟への辛辣《しんらつ》な非難の真意もこれでわかるのではないだろうか。

怒りを求道に向わせる

汝《なんじ》の親の笊籠《いかき》作り　馬祖にだまされて
宝を海に捨てる　阿龐居士の娘

前話に関連する歌である。画賛といって、その絵を誉《ほ》める一句がこれである。著名な牧谿《もっけい》の描いた霊照女《りんしょうにょ》、つまり龐居士の娘の絵を手に入れたある金持ちが一休さんを訪ねて来た。画に賛を書いてくれというのだ。そこにつけたのが、これ。

意味は、この絵の女性の親はザルやカゴを作っている。馬祖《ばそ》和尚にだまされて財宝を海に捨てた。まったくもってアホウな居士の娘である。

この金持ちは、なんという賛をつけるのだと怒って帰っていった。こんな絵を金にまかさせ収集するような成り金の人物である。当然、禅などというものをわかっていない。

つまり敬愛する相手をけなすことによって誉めている手法を理解していないのだ。

馬祖にだまされてとは、馬祖のもとで修行し悟りを開いたということである。龐《ほう》居士という名だからあえて「ア」をつけ、遊んでみたのだ。

本当にいいたいのは、あなた（霊照女）は父親と共に清貧の中に生き、馬祖に導かれ悟りを開いた。財産すべてを捨てるほどの無欲さ。その求道心は見上げたものである。これが一休さんの本音だろう。

どんな道でも二兎《にと》を追う者は、一兎《いっと》をも得られない。ただ一つのことにひたすら打ち込む。それはまさにアホウに徹するということだ。

自分の修行時代を思い起こしてみてもそうだった。支持する師に疑問をさしはさまない、信じきること。少なくとも修行期間は、自分の人生を師にかける。そんな覚悟が必要である。覚悟とは、「覚めて悟る」と書く。

この人についていって大丈夫かなんて疑っていたら、真剣に臨むことはできないだろう。逃げ腰の姿勢では、なにごとも大成しない。人と人との関係は、鏡のようなものではないか。嫌った相手には、その気持ちは伝播《でんぱ》してしまう。

自分を好いているかいないかは、その人の視線や態度、言動などに表われる。人間は、なによりも自分がかわいい。それはどんなに偉いといわれる人でも変わらない。

ところで、自分を好いてくれているということは、自分が評価されているということであり、それを嫌う人間はいない。

これは、人間の本質的な部分であろう。

一休さんのような人であっても、つまるところ愛されたかった。特に幼少期に母と別れなければいけなかった一休さんは、人一倍それが強かったとのだろう思う。

少年のような心を持った一休さんは、特に皮肉めいた表現が多いのもうなずける。それはちょうど好きな女の子には、いじわるをしてしまう心理に似ている。

男であろうと女であろうと、その部分は共通している。

禅の修行では、師にひどい言葉を投げ掛けられることがある。修行の先輩、兄弟からでもあった。怒らせて本気にさせる指導法だ。

私も強く、記憶に残る言葉がいくつかある。

ある時、同じ部屋にいた先輩に「同じ空気を吸っていると思うだけで、気分が悪くなる」とか、作務《さむ》（作業）中「それで最高学府（大学）を出ているのか」とか。

一般社会であれば、人権問題になるような言葉も随分あった。

そこを禅では、愛する恋人に会いたい心とその恋人の心が離れていってしまった恨みの心情、相対《あいたい》する気持ちを持ちながらの涙というような表現をする。

わかっていても、グッと怒りの感情を持ってしまう。その怒りを求道「なにくそ、これでもか、これでもか」という方向に向かわせる。

その経験が、人の感情の多面性を知ることになり、歌の真意をつかむことにもつながるのだ。

何のための悟りか

今　坐禅いたすに及ばん
是非の門を絶却して　情を恣《ほしいまま》にいたすがよい

禅宗というと、なによりも坐禅が第一義と考えるのが普通である。現に修行中は、ひたすら坐禅ばかりするような環境におかれる。

しかし、その一方でこんな話もある。

南嶽《なんがく》和尚がある時、馬祖《ばそ》の庵の前で瓦をゴシゴシと磨いていた。その音に気づいた馬祖は、表に出てきて尋ねる。

「何をなさっているのですか」

「瓦を磨いている」

「瓦を磨いてどうなさるおつもりですか」

「鏡にしようと思う」

「瓦を磨いても、鏡にはならないでしょう」

それならと、南嶽和尚はいう。

「お前は何をしている」

「坐禅しています」

「坐禅して何になる」

「仏になろうと思います」

「瓦を磨いて鏡にならんなら、坐禅してなんで仏になれる」

「だったらどうしたらよいのですか」

「牛車が動かない時、車をたたくか、牛をたたくか。いくら車をたたいても牛は動かん」


坐禅は大切。しかし坐禅というワクだけにとらわれすぎるのも危険ということだ。それもやはり、とらわれだから。とらわれを離れるためにする坐禅が、とらわれになってしまう。それでは、害にこそなれ得にはならない。


絶世の美女の地獄太夫は、一休さんとの親交の中でだいぶ悟りというものがわかってきた。ある日一休さんが突然訪ねて来て、部屋に上がると床の間に活けてある一輪の花を取り、太夫の顔の前に示された。

太夫は、ニッコリ笑うと和尚に酒をついだ。だいぶ飲んだ和尚は、「何と太夫、大覚世《だいかくせ》尊《そん》五十余年の居続けも、この花を捻ってこの美酒を得んのみである。汝は我がための迦葉《かしょう》、我れ正法眼蔵涅槃《しょうほうげんぞうねはん》の妙心、真相無相微妙《みみょう》の手管《しゃかん》を汝のために覚《さと》られた。今は坐禅いたすに及ばん、是非の門を絶却して情を恣《ほしいまま》にいたすがよい」といって帰っていった。

太夫は、しっかりとこの意を理解し過去行ってきた贅沢をやめ、貧しい人や弱者、仲間や召使いにどんどん恵みをほどこした。そのため太夫のお陰で、この廓《くるわ》は増々繁昌《はんじょう》していった。

お釈迦様がお悟りの後、五〇年以上生き続けたのは、自ら得た真理をより多くの人々に伝えたいがためである。そしてその教えをみごとに引き継いだのが迦葉という弟子であった。

お釈迦様は、壇上に登り一言も発せずおもむろに一輪の花を指し示したという。多くの弟子達は、その真意がわからずポカーンとしている中、一人迦葉がニッコリとほほ笑んだ。その様子をご覧になったお釈迦様は即座に「私の真理の法は、たった今この迦葉に伝授した」といったといわれる。

この釈迦と迦葉の関係が、そのまま一休さんと太夫の関係になっている。つまり一休さんが太夫の悟りを認めたということ。

私が幼少時、禅そして一休さんにひかれたのは、まさにここである。

禅は知識で学ぶものではない。体験の宗教といわれるのは、そのためである。

坊さんには、坊さんのやるべきこと、職人には職人の、サラリーマンにはサラリーマンの仕事がある。

それぞれがそこに真剣に打ち込む中で真理は見えてくる。宗教は、現実からかけ離れた存在では決してない。高尚だといって一般人に理解できないものでは、なんにもならない。なんのために悟りが必要か。心穏やかに人に尽くせるようになること。自然によいといわれる行動ができるようになること。そんな人を一人でも多くつくること。その先に、世界の平和がある。一休さんは、そのことをいったのである。

五体の骨と四相《しそう》の理《ことわり》

人は死して骨相《こっそう》を残す

諸行は無常であり、あの一世を風靡《ふうび》した地獄太夫も宿命には勝てなかった。病で亡くなることを察していたのか、後で見つかった枕の下から、一枚の短冊がでてきた。当時の寿命を考えれば四〇歳代で亡くなるのが普通だったろう。太夫がいくつで亡くなったのかはわからないが、きっとまだまだという歳だったのではないか。

そんな時代に八八歳まで生きた一休さんは、超人的長生きといえる。それは裏をかえせば自分より後に生まれ、先に亡くなっていく人をより多く見たということ。他の人以上に世の無常を深く感じていた一休さんを想像するのである。

短冊には、

「われ死なば　焼くな埋むるな
野に捨てて　痩せたる犬の腹を肥せよ」

とあった。そのため本人の遺言を尊重し、その遺体を土の上に置くことにした。

普段、太夫の元に通っていた男達は、花くらいたむけようとその場所に行ってみて驚いていった。

「あんなに美しい女が、こんなにもなってしまうなんて。これじゃあ、色も恋もあったものじゃない。人間死んでしまえば、この通り。くわばら、くわばら」

そして不細工でも家の嬶《かかあ》を大切にしなきゃなどといい合って帰っていった。

四九日を迎えたので、一休さんはそろそろ土の中に骨を納めてやろうと、手伝いの者を連れてやってきた。その遺骨を持ち上げさせると、その骨は鎖で繋《つな》ぎ合わせたようにくっついている。

一休さんは、これを見て、

「昔、行基《ぎょうき》菩薩は死して骨に蓮《はす》を現わし、唐土《もろこし》の女は山水を好み、死して胸骨《きょうこつ》に山水を現わす。この女人の五体の骨格は、鎖で繋ぎ止めたように続いており、凡人ならざる証拠だ。これは北方の女星の化するところ、仮に人間となってこの世に生まれ、色を売って多数の人に親しみ、死して四相《しそう》の変ずる理《ことわり》を示す。これ、色欲に耽《ふけ》るものを戒《いまし》めるためである。最早、元の天上の土と消え、北方の七つの星が現われるだろう」

と感心していった。

言い伝えでは、行基菩薩の遺骨を埋めた所に蓮の花が咲いたという。中国の女性は山水を好むというが、死ぬと胸の骨の所に山水の模様が現われたともいう。

地獄太夫の五体の骨が鎖で繋ぎ止めたように続いているのは、普通の人ではない証拠だ。これは北斗七星の生まれ変わりであって、仮の姿としてこの世に生まれたものである。

色を売って多くの人々を救い、楽しませ、死んで四相の理を教えている。

「四相」とは、人間が生まれ、身体を宿し、変化し、死して滅《めっ》すという、誰もがさけられない姿。その姿を示すことにより、色香に迷う者を戒《いまし》めている。

さっそくに元の天上に登り、北斗七星となって現われるであろうと。


亡くなった者が救いになるかどうかは、その人に関わった、残された者の心持ちしだいである。亡くなった人の人生の中から、生きるべき指針をつかみとること。それこそがその人の存在が同じ時代を生きた者に対する意義ともなるのであるから。

どんな人であっても、実際の姿はそのままではない。生前どんなに美しい人であろうと、死すれば皆同じ骸骨でしかない。

美しい姿は、残された者の心の中に想い浮かべるだけである。我が心は、無限の創造を生み出すことができる。夜空の星の中にでも、太夫の姿と心を見い出すことができる。

そして、ゆめゆめ、忘れないことである。諸行は無常であり、今生きている私も明日の保証がないことを。その自覚こそが、そのまま太夫の生きた証《あかし》なのだから。

いろは歌は仏教そのもの

手も出さず　頭も出さず　尾も出さず
六事治まる亀は万年　いろはにほへと

お釈迦様は前世で雪山童子《せつざんどうじ》と呼ばれていた頃、山深い所で修行していた。その時どこからともなく「諸行無常《しょぎょうむじょう》、是生滅法《ぜしょうめっぽう》」という声が聞こえてきた。

その声にあたりを見まわすと、そこには一匹の鬼しかいない。そこで童子は鬼に尋ねる。

「あなたなのですか、今の言葉を発したのは。もしそうなのであれば、その後があるのだったらそれを聞かせてもらいたい」と。

童子が修行し求めていたのは、まさにこの言葉の中にあると気づいたということである。

鬼はいう。

「俺は今、腹が減って死にそうだ。もし教えたならば、その後お前を喰わせてくれるというなら教えてやろう」

童子は、これを承諾する。まさに命をかけるに価《あたい》する教えだと思ったから。

『論語』に出てくる「朝に道を聞かば、夕べに死すとも可なり」を地でいったような話である。

そして教えてもらったのが、「生滅々已《しょうめつめつい》、寂滅為楽《じゃくめついらく》」。言葉を書きしるすと、童子は約束通り、「どうぞ、私を喰べてください」といい、崖から身を投じる。

すると今まで鬼だった帝釈天《たいしゃくてん》が、姿を元にもどし、投じた体を受けとめた。そしてその志を誉め、ためしていたことを詫びたという話。

なぜこのような話を持ち出したかというと、この教え（お経）が、いろは歌の原形であったからだ。

色は匂へど散りぬるを　　諸行無常
わが世誰《たれ》ぞ常ならむ　　是生滅法
有為《うい》の奥山けふ越えて　　生滅々已
浅き夢みし酔ひもせず　　寂滅為楽

つまり「いろは歌」そのものが、仏教思想を示したものだということ。

さて、前置きが長くなってしまった。この句は町方の六蔵親分が亡くなった時、一休さんが葬式をあげた際の引導文だ。

この時、一休さんは「亀が引導に必要だから」といい、捕まえてくることを命じた。なんだか訳がわからなかった身内の者だったが、和尚がいうのだからと亀を捕まえてきた。

そしてその亀を一休さんにわたすと、一休さんはその亀の体に糸を結びつけ、おもむろに亡くなった六蔵の頭の上に持っていき、それをぐるりと空中で一周させ「いろはにほへと」と声高らかに叫んだ。

それが終わると「これでもうよろしい、どうぞ葬《ほうむ》ってやってくれ」といわれた。ますます人は、意味がわからず顔を見合わせていると、そこにいた蜷川新右衛門《にながわしんうえもん》のみ「なるほど恐れ入りました。さすが一休様、実に当代無双の活仏で遊ばす」と感心したというのである。

他の者に、「新右衛門殿、その理由をどうぞお話しください」とたのまれ、新右衛門は、「いろはにほへとというのは、いろはの四八字を六蔵の六の次の七字目（六よりさらに上ということ）を連ねてみれば、とがなくしてしすになる。とがなくしてしすとは、安心して死ぬるということ。また亀の子は、手も出さず、頭も出さず、尾も出さず、六事治まる亀は万年（永遠の幸せ）と諭されているのだ。

すべて世の中は六の数でできている。唐土《もろこし》は六町一里、日本は六六・三六町を以って一里とする。一天地六、死ぬとき西に参るといってにし（二四）を加えると六になる。人というものは、四寸に二寸の穴からでて、四尺に二尺の穴に入る。かように六の数から離れぬもの。さらば亀の子を以って、いろはにほへとと引導をお渡しになった。即ちこれが禅師の凄いところ」と、話して聞かせた。

仏教の言葉には、六のつくものが多い。六根、六境、六識、六道など。六蔵の名の六をもじって、「その名に恥じぬよう完璧に成仏しろよ」と一休さんはいっているという話。ややや、理屈が過ぎるような気もするけれども。

流れる心が悟り

本来の面目《めんぼく》坊の立ち姿
ひと目見しより恋とこそなれ

一休さんは、若かりし日、まさに命をけずるような修行にあけくれていた。

二二歳の時、華叟《かそう》和尚の元へ入門を願いに向かう。しかし師は、固く門を閉ざしこれを拒《こば》む。一休さんは「もし和尚にまみえることができなければ死んでもかまわぬ」として近所の琵琶湖湖辺の空舟で寝ながら、朝になると門前で頭を下げさらに入門を請《こ》う。その後、ついに相見し弟子となるが、華叟の道場は貧しく、食事も一日二回もとれなかったという。一休さんは香包作りや雛人形の彩衣などの内職をしてこれを支えた。栄養失調になりながら必死で頑張る一休さんを見て、村人が励ますと返って来たのがこの句である。

「本来の面目」とは、誰もが備えているという仏性であり、真実の自己というもの。我々は悟るということを、己事究明《こじきゅうめい》ともいう。

己の事を明らかに究《きわ》める、つまり自分という者を知ること。心というものがなんであるかを掌握《しょうあく》することをいう。

「ひと目見しより」とは、自分の心を多少つかんだ状態。だから恋と同じで、しっかりとそれをわかりたいということ。

禅とはまさにそういうもので、だから一休さんは禅のとりことなってしまったというのである。

一般の人が悟りと聞くと、一種独特の不思議な能力のように思うかもしれない。しかし我々のいう悟りとは、そんな特別なものではない。

臨済宗中興の祖といわれる江戸期の禅僧、白隠《はくいん》禅師は「坐《ざ》禅和讃《ぜんわさん》」の中で、こういっている。

衆生本来仏なり　水と氷の如くにて
水を離れて氷なく　衆生の外《ほか》に仏なし
衆生近きを知らずして　遠く求むるはかなさよ
たとえば水の中に居て　渇《かつ》を叫ぶが如くなり
長者の家の子となりて　貧里に迷うに異ならず

平たくいえば、人は本来仏である。水と氷の関係のように、水と氷は別ではないように、人と仏は別物ではない。人の心の中に仏がいるというのに、遠く外にあると思っている。それはたとえるならば、水の中にいながら、ノドが渇《かわ》いているといっているのと同じである。お金持ちの家の子として生まれながら、家は貧しいといって悩んでいるのと変わりないということになる。

究極をいうなら、人は心で感じている。感じるということは、幸福も不幸も心の内にあるということ。それなのに、人は外の世界にそんなものがあると錯覚しているのだ。お金も土地も家もないよりもあったほうがいい。それは間違いないのだけれど、そればかりに自分が躍らされることは、人生の無駄遣いでしかない。

それよりも自分の心をつかみ、自在に使いこなせるようになること、それこそが本当の幸せだと一休さんは諭《さと》している。

なかには、本来人は仏というのならば、なぜ人には悪い心があるのかと、疑問を持つ者もあろうかと思う。

それは水と氷で考えてみるとわかりやすい。水も氷も本来同じ素材である。しかし同じものであっても、その変化によってまったく違うものになってしまう。

人間は水がなければ、生きていくことはできない。水は、生命の源《みなもと》をつかさどる大切なものである。

しかし同じ素材でも、氷になってしまえばそれは生命を奪う物となってしまうのだ。水は液体であり、氷は固体である。だから水は流れ、余裕を生み、氷は動くことはないため停滞《ていたい》するのだ。

つまり水の心の自在が悟りであり、氷は煩悩ということ。水の心を良心と呼び、氷の心は悪い心ということになる。水と氷は環境によって変わるのだ。

流れる心をつくるもの、それが坐禅ということ、それを端的に示した一休の句である。

第三章

自由のままに

太く激しく生きる

世の中に　慈悲も悪事もせぬ人は
　さぞや閻魔《えんま》も困りたまわむ

一休さんを見ていると、極端に生きる人だと思う。しかしその生き方には、その名のように純粋無垢《むく》な精神が表われている。

一休宗純の名には、純一という語が秘められている。純一とは、真白であり何物にでも変わりうる色である。

その一休さんが最も嫌ったのが、中途半端であり、一休さん自身が激しくはっきりした性分を持った人だったことは、その言動からも窺《うかが》える。

一休さんが求めたことは、「常識を超える」ということである。

現代は、ワクにはまった人が多いように思う。布団をかぶっていつも寝ているような、生きているか死んでいるかわからないようなことでは生きている価値がない。

もし細く弱く生きることによって長生きできるなら、そんな生き方にも意味がある。しかし細く生きようが太く生きようが、人間いつ死ぬかわからない。

だったら太く生きたほうがいいのではないか。

特に今の若い世代の人は、出世はしたくないという。草食男子なんて言葉も出てきた。仏教では、欲を捨てろというのだから、それでいいのではないかと屁理屈はいえる。

しかし人間としての向上心は絶対必要だし、これを持って非は一つもない。

ある老僧が駅のプラットホームにいる時、若者に声を掛けられた。そして尋《たず》ねられたという。

「人間はなんのために生まれ、生きているのか。自分はなんのために存在しているのか」

随分、哲学的な質問である。

老僧は、こう答えた。

「なんのために生まれたかは、ワシにはわからない。しかし自分は、人になにかして役立つことができたと感じられた時、生きていると実感する。このために生きているともいえる」

これも一つの答えだと思う。

自分だけのためを超えた時、人間は生きる意味を見い出せるのではないか。

大乗仏教の精神は、広く広くもっと広くと、人に目を向けていくことだという。

一休さんがここでいう悪事とは、悪いことをしろというのではない。その色に染まり切るということなのだ。さらにいえば、それは真剣に遊んで生きろということだ。ひたすら修行することを良しとする。だが修行とは、坐禅と作務だけではない。気持ちは必要だが修行のしすぎで悟りをひらく前に命を落としてしまっては、元も子もない。

我々僧侶には、修行専一（せんいつ）という言葉がある。

私自身も経験してわかったことは、ものには段階があるということだ。人間なかなか自分に厳しくなれるものではないことは、やってみればわかる。

一所懸命修行するために、時には遊び、休みも必要不可欠だということ。悪事も慈悲も表面上の表現だけをみていてはわからない。一休さんのこの言葉の根底には、誰にもまねできない徹底した修行があった。

働いてクビにならなければいい、生活ができれば、出世したり高い収入を得られなくともよい、平和に暮らせればそれでいい。それも一つの考えだ。

しかし現状維持では、マイナス成長にしかならないのだ。

禅では、「向上（こうじょう）の一路（いちろ）」という言葉がある。今日よりも明日、一歩一歩登っていくことだ。その精神を知らしめるため、あえて一休さんはこういったのだ。その生命力を引き出すため、ちゃかしながらも人々をふるいたたせる句がこれである。死ぬまで修行、徹底的に生き抜いてみろと。

人はみな母親から生まれてくる

女をば法《のり》の御蔵《みくら》と言うぞ実《げ》に
釈迦も達磨も出づる玉門《ぎょくもん》

ある日、一休さんは琵琶湖《びわこ》辺でのんびりと水面をながめていた。そこへ一人の女性が来て、おもむろに小用をたし始めた。急に尿意をもよおし、我慢できなかったのだろう。あわてていたため、一休さんには気づかない。

すると一休さんは、その女性の姿におもわず手を合わせ拝《おが》みだした。その様子をまた、遠目で見ていた者がいた。

女性は用が終わると一休さんに気づき、恥ずかしさのあまりに急いでどこかへ行ってしまった。そして、さきほどの一休さんと女性の姿を目撃した者が、一休さんに近づいてきて尋ねる。手を合わせ拝んだ行動に対し「あれはなんだったのですか？」と。

そこで一休さんが詠《よ》んだのが、今回の句である。

「法の御蔵」とは、仏法の蔵ということ。釈迦も達磨もやはり人の子、我々と同じように、母親から生まれているのだ。

「玉門」とは、女性の陰部であるが、一休さんがいいたかったのは、その部分ではない。その機能のこと。

男がどんなに偉そうなことをいっても、自分で子供を生むことはできない。だから礼拝した。釈迦も偉大だ。達磨も尊敬する。しかしそれどころではない。その母は、それを超えた最上級だという訳である。

もちろんここには、一休さんの母親に対する想いもあっただろう。

一休さんが、母親と離れたのは六歳。私が母親と離れたのは一二歳だった。幼少の頃から離れるという経験は、より母親を美化してしまうようだ。私も自身の経験からそのことがよくわかる。

ふと、私を育ててくれた南岳《なんがく》和尚のことを想い出した。南岳和尚は、私の師尾関宗園《おぜきそうえん》和尚の師匠。つまり師匠の師匠ということになる。

当時、宗園和尚は非常に忙しく、かわって面倒をみてくれていたのが南岳和尚だった。

南岳和尚は、岐阜の出身で一〇歳の時に小僧に出された。昔のことだったので、本人の意志で出家したわけではない。ただ貧しい家庭の事情を子供なりに考えて、無理に自分を納得させての出家だったのだろう。

京都府丹後《たんご》の寺に両親と行き、その寺のご住職に挨拶をすますと、住職は最後だからと南岳少年を駅まで見送りに行かせてくれた。

汽車が来て両親が涙を流し、別れを惜しみながらも乗り込もうとした時、少年は母親の着物のすそを小さな手で必死ににぎりしめ、決して離そうとしなかった。

駅員さんが「危険だ」とその指を解こうとしても、なかなか離そうとしなかった。そして過ぎ去る汽車が見えなくなるまで、母親を呼び続けたという。

自分と同じ境遇にいる私に涙を流しながら、七〇歳近い老僧がその話を語ってくれた。まさにこれが、幼い日に母親と別れなければならなかった子の心情なのだ。

現代日本の社会の中で、このような経験をすることは、まずないであろう。だから、少しでも理解を深めてもらおうと、あえてこの句を選んだ。

そして一休さんのこの「玉門」という表現は、決して猥雑《わいざつ》なる気持ちから出たものではないと私はいいたい。

少なくともここでは、女性への畏敬《いけい》の念から発せられたものであり、それ以下でも以上でもない、真の心の発露の歌といえる。

こんな話があった。

小学校低学年の担任の女性の先生が、児童に宿題として、「家族に抱きしめてもらってくること」というお題をだした。

ある少女は、家に帰り、それを母親に話し抱きしめてもらった。そしてさらにおじいちゃん、おばあちゃん、お父さん、お姉さんにも抱きしめてもらった。

次の日学校へ行ってその話をしたところ、クラスの中ではこの少女の五人が最高であった。しかし中には、一人も抱きしめてもらえずにいた子もいた。

すると先生が、その子を抱きしめてくれたという。

教師の質や児童虐待が叫ばれる昨今、この話に深愛というものを考えさせられた。

一休さんは現代の角栄さん

五〇年来簑笠《さりゅう》の客
愧慙《きざん》す　今日紫衣《しえ》の僧

「簑笠」とは、みのかさのことであり五〇年もの間、黒衣《こくえ》で通してきたということ。「客」とは、一休さん自身であり人生の旅人である名もなき私というところか。

「愧慙」は、恥ずかしき人生。「紫衣」は天皇から高僧に贈られ着用を許されるものである。

一休さんが御土御門《ごつちみかど》天皇から勅命《ちょくめい》をうけ、大徳寺《だいとくじ》第四八世住持になるのは、八一歳という高齢だった。だからこの作品は、晩年の作ということになる。

一休さんは、自分が権力や名誉の中にいることを嫌った。しかし望むと望まざるとにかかわらず、その力量は世に知られてしまっていた。

それは大徳寺の後輩、江戸時代前期に活躍した沢庵《たくあん》和尚においても同様である。二人に共通するのが、宗盟心（宗波の教えに報いる心）。大徳寺の権力的体質に対しては批判的であるが、釈迦、達磨、虚堂《きどう》から大燈へと続く法系の末席につく者として、法源地である大徳寺を守る使命感も人一倍持ち合わせていた。

一休さんが正統を自負していたことは、数々の作からも十分読み取れる。


話は変わるが、ある人に「もし一休さんが生きているとしたら、今だったらどんな人になるのでしょう」との質問を受けた。

そこでふと考えてみた。まず浮かんだのが、ビートたけし。毒舌でありながら、そこに人としての優しさがある。しかも映画監督や多彩な才能を発揮している。「世界の北野」などと呼ばれ、日本人としての知名度も抜群である。弟子達に接する態度を見ても、人間としての大きさが感じられる。罪を犯すことがあっても（出版社への襲撃事件）、それを人に許容させてしまう魅力を持ち合わせている。

そしてもう一人、田中角栄。金権政治の代名詞のようにいわれ、晩年はさびしいものだったが、人には好かれた。ロッキード事件が発覚しても、体を壊しても選挙に出るかぎり一位当選を続けた。すべてを許されてしまう、人間としての器《うつわ》の大きさ。

近年、再びその存在が評価されているようであるが、亡くなってからも名があがるカリスマ性も持ち合わせている。

角栄は、人がくるとかならず声をかけた。

「オイ、メシ食ったか」

この言葉に角栄という人間の本質が集約されている。食うことは人間生活をいとなむ上の根底である。政治家の最大の目標は、国民を飢えさせないこと。

貧しい家庭で生まれ育った角栄少年は、生きる実学を学び政治家を志した。一休さんと角栄さんは、生きた時代も職業も違うが、人間の幸福を願った。この点において、なんのブレも感じない。

私の好きな話がある。一九六二年、大蔵大臣に就任した角栄の伝説のスピーチ。

「私が田中角栄だ。尋常《じんじょう》小学校高等科卒業である。諸君は日本中の秀才であり、財政金融の専門家ぞろいだ。私は素人だが、トゲの多い門松をたくさんくぐってきて、いささか仕事のコツを知っている」

「できることはやる、できないことはやらない。しかし、すべての責任はこのわしが負う。以上！」

エリートと呼ばれる東大法学部卒官僚は、今までに見たこともなかったこの新大臣に興味を持った。そしてしだいに心酔していくようになる。

やんちゃでカワイイおっさん。そしてなにより深い人間愛。

自分自身のことを省《かえり》みてみると、要領のよさと周りの援助のみで大学までいった。でも、学歴ではなく、学力コンプレックスがある。そんな私の救いが角栄さんだ。

一休さんも田中角栄も、その生きた言葉は経験から得た実学。だからこそ人の心に響くのだろうと、改めて思う。

共に悩み、共に苦しむ

一休が　身をば身ほどに思わねば
市も山家《さんが》も同じすみかよ

我々の宗門、大徳寺派の頂点にいる者を管長《かんちょう》という。管長という制度ができたのは、明治時代以後であるから、当然一休さんの時代には管長という呼び名はない。

当時は、大徳寺住持職（つまり住職）ということになる。現在も管長は、大徳寺住職でもあるわけだが、そういういい方はほとんどすることがない。

一休さんは晩年、八一歳の時大徳寺四八世住職となっている。かなりの老齢であるから一休さん自身、宗門の実務にかかわることはなかった。

実際の仕事は、一休さんの弟子達が行い、その仕事の中心は応仁の乱で焼け落ちた大徳寺伽藍《がらん》の復興であった。つまりその資金集めのため、「一休さんの寺」という名目で、その名声を借りることがなによりも重要なことであった。名を残した僧侶を見る時、必ず優れた弟子がその陰にいる。一休さんも例外ではなかったろう。

資金を出したのは、大坂・堺《さかい》の商人が中心である。一休さん自身、堺を拠点として活動していたこともあったし、なにより当時の堺は戦で荒廃した京都より財力があった。堺は武器商人も多く、いつの時代もこれは儲かる。儲けとは、信じる者（信者）という字がくっついてできている、意味深である。

修行というと我々は、人里離れた山奥でするものと考えるが、一休さんは市井《しせい》の中に生きた。ある者が「なぜ浮世に居られるのですか」と質問したのに対して答えたのが、今回の一句。

自分自身にとらわれがなければ、どこに住もうと同じことということなのだ。

しかし忘れてはいけないのは、これはよっぽどの力量がある者でなければできない。一休さんの若かりし日の徹底した修行の上に築きあげられたものだということを知っておく必要がある。

私も若い時、修行した。小僧になった時は、坊さんになる以上、将来大徳寺の管長さんにでもなってやろうといきがっていた。

知らないというのは恐ろしいことで、今考えると身のほど知らずもいいところである。だが、実際修行というものをしてみて、管長には向かないしなれないのだけれども、管長への道は私が求めるところとは違うと思えてきた。

それはなぜかというと、管長になってしまうと市井《しせい》の人々との交流が持てなくなってしまう。一般でいえば、管長とは天皇陛下だと思ってもらえばいい。遠い存在なのだ。

私は僧侶になる以上、社会的弱者、普通の人々の中で活動したいと考えていたから。それはまさに一休さんの生き方に感化されたからである。

私に人を救うなどという大層なことは、もちろんできない。しかし一休さんのように、共に悩み、苦しんであげることならできると思ったのだ。それが私の希望であった。

一休さんは、「居成《いなり》」（役職は受けるが、大徳寺に住まない）で、住職になった。本山は大事にしたが、そこには住まなかった。一所不住、それが一休さんの生き方であり良しとするところだった。

どこに住もうと一休さんは一休さん、そしてどんな人でも志さえあれば修行はできる。そんなことを伝えたかったのかもしれない。

私自身の経験をいえば、修行することによってそれなりの自信を得て道場を出てきた。心の充実は、かなり感じていた。しかし人と話をした時、どうもその真意が伝わらないことに気がついた。

修行道場で使っていた専門用語が、そのまま出てしまう。これらの用語は、当然、一般人は知るわけがない。これではダメだと、専門用語を一般用語に戻す作業からのスタートだった。

体験を平易な言葉に置き換える。ここからがまた修行。

修行はどこまでも続く道であり、一休さんもそんなところをふまえて語った句ではないだろうか。

究極の慈悲

汝《なんじ》　元来生木《せいぼく》の如《ごと》し　水中にある時は能《よ》く捕うること難し
それよりは　愚僧《ぐそう》の腹に入って糞《くそ》となれ　喝！

これは、引導《いんどう》である。引導とは、僧侶（導師）が死者に対してその導師の禅定力《ぜんじょうりょく》（坐禅によって蓄えた力）によって、迷いから悟りの世界へ導き仏に転化することである。

元々引導は、中国の黄檗《おうばく》和尚が行ったことを始めとする。

黄檗和尚の母親は、盲人であった。出家した息子に会いたいと念じていた母親は、茶店を開き、旅人が通ると必ず足を洗ってあげるという供養を生きる糧《かて》としていた。黄檗の足にはコブがあり、それをたしかめる作業でもあったのだ。

ある日、久しぶりに故郷を通った黄檗は、遠くから母親の姿を一目見て通りすぎようとした。しかし人の気配を母親に感づかれてしまい、声を掛けられた。

やむをえず足を洗ってもらう黄檗。気づかれないようにコブのある所をずらし、なんとかその場を切り抜けた。そしてその後、黙って家の前にある川を舟に乗って渡っていった。たまたま黄檗の姿を見たおせっかいな近隣の人が、この母にいってしまう。「息子さんもりっぱになって、お元気そうでしたね」と。

よかれと思いいった一言だったが、母親は息子に気づかなかった自分を悔やみ、川の中へその姿を追っていってしまったのだ。そして足をすべらせて死んでしまう。

旅の途中、黄檗はその話を後から来た人から耳にすることになる。そこで夜の松明《たいまつ》を川に投げ入れ、「一家から一人の出家者を出せば、九代にわたって天に登るといわれている。もしそれがまやかしの言葉というなら、諸々の仏は嘘をいったことになる」との母への想いの発露が叫びとなって出た。

それが人が亡くなった時の引導のきっかけとなり、今日に繋《つな》がっている。

現代人は、靴での生活なので、「足を洗う」という行為に意味を見い出せないと思う。しかし我々僧侶は、修行中草鞋《わらじ》をはく。草鞋で歩きまわると、当然足にも土がつき汚れる。足を洗うとは、今や悪いことをしていた人が、まっとうになることに使われるが、それほど気持ちの変わる行為なのだ。だから供養になるということ。

さて、一休さんは庭の池の鯉をすくい上げ、料理を始めてしまった。他の小僧は、一休さんが狂ったと師匠に告げる。

師匠はあわてて台所へ行くと、すぐに一休さんをしかりつける。

「なぜそんな殺生（生き物を殺すこと）をするのか」と。

一休さんは、すまして答える。

「はい、私は引導を渡して食べます。精進《しょうじん》（野菜）ばかりだと体力が持ちません。それではお経を唱《とな》えることもできません。ゆえに私は引導を渡して食べますので、なんの問題もありません」

この自信に、師匠も「今日は許すが、金輪際《こんりんざい》まかりならん」というのが、精一杯だったという。

その時の引導が、これ。一休さんはただ単に鯉が食べたかったのではない。周りの高僧といわれる人々が、形式だけの葬式をして安易に収入を得ていることへの警告でもある。

そして鯉に対しての「生木」という言葉には、生意気ということがかくされている。

「愚僧の腹に入って糞となれ」とは、自分が死んで食べられるという究極の慈悲、自己犠牲も示している。自らが死んで、活きた一休さんのために生きろということ。

愛はすべてを超える

美人の陰部《いんぶ》は　水仙《すいせん》の花の香りがする

なんという過激な表現かと思う。はっきりいって避けたい一休さんの一面であったが、これを避けては決して一休さんを語ることはできない。

元々、一休さんのとんち話にひかれ出家した私であったが、『狂雲集《きょううんしゅう》』に出てくるこの言葉を初めて目にしたのが高校時代。まだ純情だった私はショックのあまり、しばらく一休さんを嫌いになっていた。

さすがに年を重ねてきて、このままでは一休さんを語ることが一生できないと思い始め、今回とりあげた。

『狂雲集』は、漢詩集であり漢文で書かれたものである。だから漢字の持つ力によって、内容の感じ方がうすめられている。

しかし現代語訳すると、やはりすごい。『ヘタな人生論より一休のことば』（松本市壽著）から引用させていただく。

美人の陰部は、水仙の花の香りがする。楚々《そそ》とした腰に口づけしよう。もっと抱きしめて愛しみたい。夜半の褥《しとね》には夢のような愁いの顔がある。花は指先にほころび梅の木の下に匂い立つ。下陰は薄絹に靄い、花びらは幽《かす》かな月影に浮かぶ水仙の花のようだ。

どうであろうか。一休さんをポルノ詩人と呼ぶ人もいる。あまりにとんちの一休さんの姿からかけ離れている実像がわかると思う。

この美人とは、晩年を共に過ごした森侍者《しんじしゃ》であることは間違いないだろう。一休七七歳で出会った森侍者は、この時三〇代だったという。現代社会でも年の離れたカップルは話題にのぼるけれど、この時代この一休さんの歳は驚異的、そしてこの内容。森侍者は、踊り子（白拍子《しらびょうし》）で盲目だったと伝えられ、そして元々の出身は高貴な家系の娘だったともいう。

ここで想い出すのが、一休さんの母の姿である。私は一休さんが森侍者に母をだぶらせていたと見ている。一休さんの話には、他にも多くの悲恋《ひれん》の女性の姿が写し出されている。その執着には、異常ともいえるものを感じる。しかし幼少期に母親と別れざるを得なかった環境がこのような情愛をつくり出していったのだと思う。

ある一〇〇歳になる老人が語っていたのを思いだす。「いまだに母の夢を見る」と。男にとって女性は永遠のテーマであり、特別な存在ということなのだろう。

一休さんは、森侍者の若い肉体にのめり込んだ。その陰部に顔を近づけ匂いをかぐ。水仙の花のような芳香《ほうか》に酔い、腰に接吻《せっぷん》して抱きしめる。森侍者もまた、うっとりとした愁いの顔をしている。陰部を指でまさぐり、より一層の愛戯《あいぎ》にふける。

ノーベル賞をとった川端康成の記念講演『美しい日本の私』には、こうある。

一休はその「詩集」を自分で『狂雲集』と名付け、狂雲とも号しました。そして『狂雲集』とその続集には、日本の中世の漢詩、殊に禅僧の詩としては、類を絶し、おどろきに肝をつぶすほどの恋愛詩、閨房《けいぼう》の秘事までをあらわにした艶詩が見えます。一休は魚を食い、酒を飲み、女色を近づけ、禅の戒律、禁制を超越し、そこから自分を解放することによって、そのころの宗教の形骸化に反逆し、そのころ戦乱で崩壊した世道人心のなかに、人間の実存、生命の本然の復活、確立を志したのでしょう。

さすがに作家の文章で、きれいにまとめられているけれど、一休さんがいいたかったことは単純に最後は、好きに生きる姿を示すということだったと私は思う。

先もながくないことを感じていた一休さんにとって、人生の証《あかし》として、禅僧としての姿とは別の、男として最後に愛した女性を記録に残したかった。人間一休の姿がそこにあると思う。

宗教への反逆、批判などというきれいごとではなく、素直な感情の発露だったと……。一休禅の完成は、結果、一般の常識を打ち破る行動となった。人間の究極の感情は、愛にあるということなのだろう。

修行僧と愛欲の情

民謡に合わせ竹の枝をもって手踊りし
腰の鼓《つづみ》を打っているよ

私の住む渋谷区は、同性婚を認める条例を定め、一時期話題になった。詳しくは知らないが、住居を借りる際や病院でのつきそいができないことに対する一定の配慮だそうだ。もちろん国がこれを認めている訳ではないので、正式なものではないが、最初の一歩を踏み出したことは評価できる。

多彩な人々が集まり、国際化する中での流れということであるが、これも時代の趨勢《すうせい》に後押しされ、出来上がったものだろう。

しかし昔はなかったことなのかといえば、そんなことはない。織田信長における森蘭丸《もりらんまる》との関係は知られているし、武田信玄における高坂昌信《たかさかまさのぶ》（春日源助）へは、浮気を弁解するラブレターまで残っていることがなによりの証拠である。

そして男色は、精強の証であり「武士道の華」とまでいわれていたという。

今回の一休さんは、この男色の歌である。一休さんの触れたくない第二弾ということで、女犯《にょぼん》に続いて男色《だんしょく》である。ぶっちゃけていうと、一休さんは今でいう両刀使いということになる。

一休さんは六歳で寺に入るが、この時代、寺における小坊主に対する男色はかなりあったようである。幼い一休さんもその対象になったかはわからない。ただ私としては、一休さんは特別（皇子であったということ）な者だということで、師匠の無言の圧力で守られたと信じたいところである。

一般的には、幼いうちにそういう経験をした者が、長ずるに従って立場を変え、それが巡っていったという構図なのだろう。

基本的には僧侶も男性より女性への関心が強い者が多かったと思うが、一般的に女性との関係がもてる手っ取り早い場は遊女屋ということになる。だが修行僧にはそんな金はないことや人目もあることから、少年に走ったというのが本音だったのではないか。

また現在の僧侶は、伴侶を持つのでそんな問題が生じづらいこともつけ加えておく。

まず漢詩を要約すると次のようになる。

「まだ有髪である童行《ずんなん》（小坊主）は美しいと評判で、愛憎軒《あいぞうけん》で会うと師を越える美しさ。清浄であるはずの私でも愛欲の情をどうすることもできず、民謡に合わせ竹の枝を持って手踊りし、腰の鼓を打っているよ」と。

愛憎軒とは、建仁寺における男色部屋の名称ということなのだろうか。現在そこがどこにあったかはっきりしない。

そしてこの美しい童行は、御福《おふく》と呼ばれた少年のことなのかもしれない。御福は愛憎軒の中での一番人気で、『狂雲集』の中でもしばしば登場する名だ。

浄土真宗《じょうどしんしゅう》の親鸞《しんらん》は、性欲に大変苦しんだ末、妻帯宣言をした。しかし他の日本仏教宗派は、表面上は禁欲の建て前を守った。

だから僧侶の性欲の問題は裏に隠され続けたのだ。一休さんは、これを隠さず、臨済宗のこの姿勢を変えたかったのかもしれない。そのためにことさら、女犯、男色を声高らかにうたい上げたとも考えられる。しかしこの一休さんであっても、どうすることもできない大多数の建て前を大切にする保守の僧侶という厚い壁があった。

当時としては、一休さんの隠れてするなら妻帯しろという思想は、あまりに斬新《ざんしん》なものだったのだろう。浄土真宗は日本で生まれた宗派であるが、一休さんの臨済《りんざい》宗は中国から脈々と伝わった歴史がある。伝統が邪魔したともいえる。現代のように、僧侶の妻帯が認められたのは、はるか後の明治時代なのである。

ちなみに一休さんは、男子と女子とどっちが好きだったかといえば、他の詩を見れば女性に軍配があがるようである。やはり父性より母性。やはり最後は、母が強かった。原点回帰、老人は子供に返るという話はよく聞くところである。

若さとは理想に生きる心

わけ登る　ふもとの道は多けれど
おなじたかねの月をこそ見れ

人はどうしても、周りを気にする。世の中で暮らす限り、どこを見ても上下、貴賤《きせん》と比較対象の中で生きざるを得ない。人それぞれの長所、短所があるように、比較してもどうにもならないことばかりなのにである。

私も僧侶に成り立ての頃、そんなことを思い煩《わずら》ったことがある。だからその気持ちがわからなくもない。しかしある時から、そんなことが気にならなくなった。オンリーワンの道に活路を見い出したからである。

戦後日本に進駐したマッカーサー元帥《げんすい》は、アメリカの詩人サミュエル・ウルマンの「青春の賦《ふ》」という詩を座右《ざゆう》の銘《めい》としていたと伝えられる。

「若さとは人生のある時期のことではなく、心のあり方のことだ。若くあるためには、強い意志力と、優れた構想力と、激しい情熱が必要であり、小心さを圧倒する勇気と、易きにつこうとする心を叱咤《しった》する冒険への希求がなければならない。人は歳月を重ねたから老いるのではない。理想を失うときに老いるのである」

この詩を見た時、まさにこれは一休さんの生き方だと思った。あの時代に考えられないほどの長生きをした一休さん。その精神は、このようなものだったのではないか。

「ふもとの道」とは、各宗派の教えともとらえられる。そして「月」とは、具体的にいえばお釈迦様であり、また悟りの心ともいえる。

だがそれを一般の見方でみれば、すべての人の生き方ともとれる。

人はどんな生き方をしたとしても、それは決められたものではない。しかしだからといって何となく歩んでいては、充実した人生を歩むことはできないのも事実である。

月は夢であり、理想である。そこをめざすから、人間、喜びや楽しさを見い出せるのだと思う。

人の目は関係ない。自分が本当に望むところとはどこにあるのか。そこをつきつめていくことこそ本当の幸せだと私は思う。

一休さんは、自由に生きた。それは誰もが希求するものではある。しかし一休さんと自分は立場が違う。そう決めつけ、あきらめていないか。

自分自身で勝手に限界をつくり、放棄《ほうき》してしまってはいないか。

一休さんは坊さんである。そして皇子でもあった。だから普通に考えれば、一般の人よりも逆に規制はあったという解釈も成り立つ。それをあんな生き方ができたのは、その特別な血縁のおかげであり、自分とは違うと、無理に納得させていないだろうか。

一休さんも私たちも同じ人間であり、同じように幸せを求めた。幸せとは、心の解放であり、私は現在もそこを求め続けている。


自分の話で恐縮だが、私は学生時代美術と体育が少しできて、あとは読書が好きだった。読書が好きなのは、そこにテストがなかったからだ。

小学生の時、学校で月に何冊の本を読んだか記録して提出すると、表彰してくれるという制度があった。読むだけの乱読であったが、それが読書が好きになったきっかけだった。

受験に必要な主要科目はすべてできないから、私は典型的な落ちこぼれ。それでもいまだに生き続けていられるのは、自分の個性に気づいたからにほかならない。何も得意ではないけれども、そこが個性であり、広く浅く歩むのが自分だと。

僧侶なのに書もうまくなく、お経がうまい訳でもない。うまくはないけれども、すべて無難にこなすことならできる。無器用だけれど、一つ一つに誠意を持って取り組み、本当の坊さんとは何かを追求していく姿勢さえあればそれでいいと思えるようになった。

この句は、一休さんがそう教えてくれているのだと私は解釈している。

自己からの解放

豪機《ごうき》嗔恚《しんに》識情の心　二〇年前即今に在り
鴉《あ》は笑う出塵《しゅじん》の羅漢果《らかんか》　日影玉顔に吟《ぎん》を奈何《いかん》せん

一休さんが悟りを開いたのが、二七歳。応永二七年五月二〇日の夜であったという。この句は、その時師の華叟に呈した投機の偈《げ》（悟りの心境を綴《つづ》った漢詩）である。

豪機とは傲慢《ごうまん》ということ。嗔恚とは、怒ることである。また識情とは、自らにとらわれてあれこれと思い煩《わずら》うことをいう。

鴉はカラスであり、出塵とはこれらの我執から離れることをいう。

禅宗の修行では、よく掃除に時間を費やす。これは環境を整えると共に、心のチリを払うという行為なのだ。

よく掃《は》き清められた庭を見る時、「禅寺に来たような」という表現が使われる。それほど禅において、掃除は大切な修行といえる。

私などもよく人に「普段なにをされているのですか」と聞かれるが、まず思い浮かぶのが掃除である。

一般にくらべ、寺は広い。だからあいた時間があれば、掃除をしていることになる。一般人は、寺の住職は法要でお経を読んでいる姿しか知らないから、こういう疑問がわいてくるのだろう。

「お寺は広くていいですネ」といわれるけれど、その維持管理はなかなか大変なのだ。掃除は、実際の環境を整えると共に、心も清めてくれる一石二鳥の修行なのだ。

仏教ではそのような観点から、心の汚れをチリという表現で多く登場させることになる。

羅漢は一切の煩悩を脱却した人で、果には悟りの意味がある。日影とは朝日の出るように目覚めること。また玉顔は、「本来の面目《めんぼく》」といわれる自分自身の心を掌握《しょうあく》すること。つまり自分自身の心がはっきりとわかるということである。

吟を奈何せんとは、ついうれしくなって歌でも口ずさみたくなったということ。一休さんの喜びにあふれた句といえる。我執の中で生きてきた二〇年、しかし今カラスの鳴き声を聞いて、一切のとらわれから脱することができた。

小さな殻の中にとじこもっていた自己からの解放、その自己は宇宙全体にまで広がり、その全体が自己に返ってくる。この自己確立ができた時、世の中全体が仏国土となるという。自由を得た喜び、ここを安心《あんじん》という。

ただ、誤解しないでほしい。悟りを得たらそれで終わりではないからである。「上求菩提《じょうぐぼだい》、下化衆生《げけしゅじょう》」というように、ここで終わったらただの自己満足でしかない。悟りを得た以上、このすばらしさを人々に伝えて、初めてそこから価値が生まれてくる。

自分がわかっても、それを人に伝えるのはむずかしい。問題が解けてしまえばあたり前のことだけれど、解けるまでは誰でも苦労するものなのだ。

あのお釈迦様でもそうだし、この一休さんでもそう。

あまった生の与生といったらあまり好きな言葉ではないけれど、誉れの生の誉生《ほうしょう》といえばいいのだろうか。

禅では、「釈迦も達磨もいまだ修行中」という恐ろしい言葉もある。今歩んでいる道がそのまま修行の道ということ。一休さんもここからが本当の修行。実参実究（宗教の中ではなく現実世界で人との交わりの中での修行）が始まった。

人は何か事にぶつかると、過去の自分の経験と照らし合わせる。「たしか以前にも似たようなことがあった」と。しかしこれは同じようなことであって、同じではないのだ。なぜならその時と年齢も変わり、立場も変わっているから。だから、この時ぶち当たった問題は、やはり初めてだということ。

悟りも一回で終わりではない。大きな悟りは一回でも、新たな悟りが人生の中で生まれてくる。これを気づきといってもいい。一休さんも同じだったのだ。

一休さんの仏道

今　命尽きて相果てり
其の死骸《しがい》を海底に沈める

現代でも年金の不正受給や、葬儀を行うことができず、そのまま家族が御遺体と住んでいたなどというニュースを耳にする。

その根底には、貧困という問題が横たわっていることは、明らかである。昔とくらべて世の中が豊かになったことは、誰の目から見てもわかるのだから、一休さんの時代ならなお多くこのようなことはあっただろう。

そんな話から出た引導の一節がこれである。

ある日浜辺を一休さんが歩いていると、数名の漁師がその姿を見つけて近寄ってきた。村の仲間の漁師が亡くなって、菩提寺に葬儀をたのみにいったが、一五両の金がいるという。

この漁師は貧乏で金を残していない。仲間の漁師も家族も自分達が生きるのがやっとの状態。

そこでどうしようか、思案にくれている時に見かけたのが一休さんだったのである。

漁師はいう。

「なんとか金のかからないよう葬式をやってもらえないでしょうか？」と。

一休さんは、快《こころよ》くこれを引き受け、亡骸《なきがら》を船に乗せて出航させた。水葬にするというのだ。

沖に出ると、大声で引導を渡した。

「如何に、海底の鱗屑《うろくず》共、耳をさらってよく聞け、当漁師、息あるうちは汝等《なんじら》の友を漁し、妻子を養い露命を凌《つな》ぐ。今、命尽きて相果てり。其の死骸を海底に沈める。汝の仲間の敵討ちと、この死骸を食らうべし。これ即ち食ったり食われたり、誠の仏道というものである、喝！」

そしてその後、漁師達に亡骸を水中に放り込ませた。

この話、現代であれば死体遺棄ということになってしまう。そこは時代の価値観の違いである。あえて言っておく。

ついでに自然葬というのが一時期話題になっていたので、少し説明する。

ハワイの海などに散骨するという場合、まず御遺体は火葬しなければいけない。

そして火葬したお骨を粉状のものにするということも必要になる。海というのもどこにでもという訳にはいかない。細かい手続きは業者さんがやってくれるだろうが、船のチャーターや、旅費等も別にかかってくることになる。

つまり自然葬は、お金がなくてもできるというものではないということ。


私は、保護司や教誨師《きょうかいし》をしているので、貧困から罪を犯してしまう人を見ることがある。本当に貧しい人は、年金詐欺などはしない。なぜなら彼らは、誰も信用していないから。だから国家権力、役人、力のある者は敵だと思っている。

特に地方で起こる犯罪では、警察に頼らず暴力団に助けを求めたりして、公共の福祉を利用するという発想がない。そして追い込まれ、殺人までということになる。泥沼にはまるとは、このことだろう。

東北の震災の時は、よく日本人のきずなということがいわれた。きずなは、互いの信用があってはじめて成り立つ。ずっと貧しい者は、ひがみ根性もあって、人を信用できない場合も少なくないので、そのような関係をつくり上げていくことも困難である。

これに対しては本当に邪心のない者でないと、この心をとかすことはできない。

一五両ないと葬式もできないという菩提寺の強欲坊主に、漁師仲間、家族も絶望していたのではないか。一休さんは、これらをすべて救った。無論、亡くなった者を含めて。

さらに引導によって魚までも救い、自然の摂理《せつり》を教え、完璧な導きをしている。

いつの時代にも貧しさや豊かさはあり、どんな職業の者にも良い人、悪い人はいる。このような時、一休さんのような良心に人は救われて、現代まで脈々と生き続ける命や人間社会があることを考えずにはおれない。

第四章

ぶれない

俗の中にいながら悟る

悟りなば　頭を剃《そ》るな魚食え
地獄へ行って鬼に負けるな

一休さんのトンチ話に、蜷川新右衛門《になかわしんうえもん》はたびたび登場する。以前、Ｋ《ケイ》－１《ワン》という格闘技に出ていた武蔵《むさし》選手は、この新右衛門の末裔《まつえい》だとテレビで語っているのを見たことがある。真偽のほどはわからないが、ふと、一休さんの時代をぐっと身近に感じたことは確かである。

さてこの話は、その新右衛門が一休さんの人望に惹《ひ》かれて弟子入りを願い出た時の言葉である。一休さんはこの申し出に対し「わしの弟子になりたいなら、人偏《にんべん》を取って来い」といわれた。

意表をつかれた新右衛門、なにをいっているのかわからない。屋敷に帰り考えた。

そして気がついたという。

「侍《さむらい》という字は、人偏に寺という字だ。人偏を取り寺に入るということは、侍をやめろということをいっているのだ」と。

そこで家族に、侍をやめると宣言し、家督《かとく》は息子に譲《ゆず》り、再び一休さんのもとを訪ねた。

「和尚、本日は人偏を取って来たのでさっそく弟子入りを願いたい。善はいそげと申します。つきましては、すぐに頭を丸めていただきたい」

急ぐ新右衛門に、一休さんは軽くそれを制して、それには及ばん、心が仏門に入ればよろしいと、この句を詠《よ》んだのである。

これに対し新右衛門は、「意のままに」と答えた。

以来、新右衛門は有髪の弟子として一休さんの教えを受け続けたのである。

僧侶になることを出家という。つまり家を捨てること。家を捨てるとは、家族との縁を断ち切ること。


私も一般家庭より出家したので、この意味がよくわかる。我々の言葉で「諸縁を放捨《ほうしゃ》」などと軽くつかうが、これは思った以上に大変なことなのだ。

家族、友人、親族との縁を断ち切る。修行中は、手紙も電話もだめ。

なぜそんなことをするかといえば、知り合いがいれば、どうしても依存心が生まれてしまうから。誰のものでもない、悟りとは自分の力を信じ導き出すもの。自立からスタートするものだからだ。

まして新右衛門には、家庭があった。独身時代ならまだしも、今さら多くの人を不幸にすることはない。

　自分の経験からいえば、修行するためには出家した環境のほうがたしかにやりやすい。世間の俗事にわずらわされることなく、専一に臨めるから。しかしだからといって、俗の中にいても悟れないということは決してないのだ。

　新右衛門は、聡明な人である。一休さんは、それのできる人と見抜いていたのだろう。「鬼に負けるな」というのは、お前さんは俗人でありながら、ぶれずにいることができるという意味である。善と悪、男と女、出家と俗人というような二項対立のとらわれに注意を与え、スッキリした境地を示している。

　こだわりは、敵だ。出家であろうとなかろうと仏道を志していれば、自ずと道をふみはずすことはない。あくまでも自然体になることが大事。


　修行は、慣れるまでは本当にきつい。睡眠時間、食事、気候の厳しさ、極端に長い坐禅の時間、厳しい労働。これらに耐えられるのは、自分は人にできないことをしているという自負。それがこの生活をまずは、繫《つな》ぎとめることになる。しかし慣れてくると、なにも考えないようになる。周りを意識していた段階からの脱却である。

　それが日常となって、なんとも思わなくなってからが、本当の修行ができるようになったと、自分の経験から感じている。そこを一休さんは、いいたかったのだと思う。

地に足をつけて歩む

燈火《ともしび》の　消えていずこに行くやらん
　暗きが元の住家《すみか》なりけり

七之助《しちのすけ》というある孝行息子がいたそうだ。母親は早くに亡くなり、育ててくれた父親に深い恩義を感じていた。そのため、老いた父親をことのほか大切に養っていたが、遂には歳には勝てず亡くなってしまった。

七之助は大変嘆き悲しみ、亡骸《なきがら》の横に座り、それこそ気がふれてしまったかのようなありさまだった。

その話を聞いた一休さんは、自分の元に七之助を呼び寄せた。

七之助が訪ねていくと、寺は締め切られ真っ暗。御本尊《ごほんぞん》のお釈迦様の前には蠟燭《ろうそく》が二本灯っている。そこで一休さんは、七之助に尋《たず》ねた。

「わしがここに座っているのが分かるか」。七之助は、「燈火があるので、わかります」と答える。するとこんどは燈火をふっと吹き消し、「今度はどうじゃ」と尋ねる。

七之助は、「明かりが消えたのでわかりません」と素直に答える。

すると一休さんは「燈火の消えていずこに行くやらん。暗きが元の住家なりけり」といった。そしてさらに「焼けば灰、埋めれば土となるものを、何ぞ残りが罪となるらん」。

「燈火の消えていずこに行くやらん。云々《うんぬん》」とは、人が死んで無くなるのではない。初めから人間は、無から生まれ無に帰っていくのだということ。あると思うは、執着である。「焼けば灰、埋めれば土となるものを、云々」とは、人間は土へ返る、何もとらわれる必要はないということ。

空思想は、実体は無い無我の世界を説いている。人間は生まれ、そして死んでいく。ただそれだけのことではあるが、またその中に人の生きる意味がある。重要な役割、それは子孫を育《はぐく》み、生命を託《たく》し大宇宙の流れの中に生きること。

つまり父はもう死んでいるから、会いたくとももう会うことはできない。そこでできるお前の孝行とは、一生懸命生きること。仕事もしないで嘆《なげ》き悲しむことを誰が望んでいるのか。なによりも稼業《かぎょう》に励《はげ》んで、家をより興隆《こうりゅう》させ家族を持ち、子孫を繁栄させること。それが父の望むことだと教えたのだ。

七之助は、そこからよみがえったという話。

江戸時代から明治にかけて生きられた山岡鉄舟《やまおかてっしゅう》居士という方がいる。「廃仏毀釈《はいぶつきしゃく》」という仏教排斥《はいせき》運動が起きた時、政府と寺の間に入り、その必要性を説き調整されたという方。

つまり日本仏教界にとっても、大恩人といえる人だ。この方は、剣客で政治家で、禅の大家ともいわれている。

　この鉄舟居士の元へ、平沼専蔵《ひらぬませんぞう》という人が訪ねて来た。聞くと息子が亡くなり、子供の菩提を弔《とむら》うため出家したいと。

　鉄舟は答えた。

「俺も前に倅《せがれ》を亡くしたことがあるから、その気持ちはわかる。しかし仏門に入ってただ経を誦《よ》んだからといって何の功徳《くどく》にもならんぞ。本当にその子を弔《とむら》おうとするなら、よっぽどの坊主にならんといかん。しかし俺の見たところお前はそんな人物ではない。商人の器だから、商人に一徹するがよかろう。そうすれば金持ちになるだろうから、その折には慈善を行うことだ。そうすれば子供も報われるだろう。女々しい感情を捨てて、子供の弔い合戦のつもりで一途に励むがよい」と。

　この平沼氏、後に横浜有数の実業家となり、鉄舟の教えを守って生きたという。

　人間には、人それぞれ長所、短所がある。また持ち場、持ち場というものがあるように、そこをぶれてはいけない。

　鉄舟居士も一休さんがいうことも、同じ。地に足をつけて生きることが大事だといっているのだ。そのためには、一時の感情に左右されないで、しかと自分自身を見つめ直し、着実な人生を歩んでいくことだ。

坐禅は仏に近づく道

古《いにし》えは　道心を起す人は寺に入りしが
今はみな　寺を出づるなり

昔の人は仏道を志し、出家して僧となれば、再び俗界に還《かえ》ることはなかった。しかし今の僧は俗界よりも俗で、寺を離れたような生活をしている。真の出家者は寺に嫌気がさし、俗界に帰って行く、というような意味であろう。

しかしこのようなことは、いつの時代でも変わらずあること。現代においてもやはり相変わらず人は、同じようなことをしている。

私とて人のことなどいえないが、やはり一休さんと同じような感想を持つのは、歴史は繰り返すということなのだろう。

よく「現代《いま》ほど住みにくい時代はない」という言葉を聞くが、これはいつの時代であろうといわれてきたことではなかろうか。

一休さんには、次のような言葉もある。

「見れば坊主に知識もなく、坐禅をものうく思い、修行もせず道具をたしなみ、座敷を飾り、慢心《まんしん》多くして、ただ衣を着ることは名利のためであり、僧とは名ばかりで中味は在家である。袈裟や衣は着ても、衣は縄となって身を縛《しば》り、袈裟《けさ》はくろがねの撞木《しゅもく》となって身を打ちさいなむことであろう」

禅文化といわれるものに、水墨画や漢詩、茶の湯、墨跡《ぼくせき》などがある。これらは確かに日本的なものとして現代、その価値が再確認されている。

しかし本来の禅の立場からすれば、これらの中からだけでは、真の仏法は生まれてこないのだ。修行とは苦しく辛いものだ。人間は弱い存在なので、つい楽な方向へ進もうとしてしまう。坐禅や作務《さむ》をするよりは、このような文化的なものをたしなみ、在家《ざいけ》（一般人）と交わっているほうが、ずっと楽しい。

しかし楽しいことは、堕落《だらく》を生んでしまう。出家者は、修行を離れては僧侶といえない。禅宗において修行の中心は、坐禅だ。なにがあっても、ここだけは忘れてはいけない。

一休さんも「一寸坐れば一寸の仏なり」といわれていた。少しの時間があれば、その少しの時間でも坐れば、一歩でも仏に近づく。そこを心から離すなということ。

やはり同じ大徳寺《だいとくじ》の僧、沢庵《たくあん》和尚もいっている。

「出家者が人から施《ほど》し物を受けるのは、道を修行しているからなのです。ただ施し物を受けるばかりで、道心もなく修行もしないような僧は、出家者とはいえず、檀家《だんか》から施し物をもらう資格はありません」と。

現代でも世間の方から、「坊主、丸儲《もう》け」と厳しい意見をうかがう。

宗教法人には、税金がかからないということからいわれるものだろう。

そして坊さんの中には、ゴルフをしたり外車を乗りまわす人もいる。だから、いわれてもしかたないという面もある。ただそれは、ごく一部の人達なのだろうと私は信じる。

ここで少し私なりに考えてみる。宗教法人というのは、公益法人の一つ。

公益法人とは、世の中の役に立っている法人。それは広く一般にという意味でもある。

お寺の主たる収入は、お葬式や法事である。しかしそれらは、お寺や個人、家族のためだけのものといえる。つまりこれは、公益的なものではない。

一説には、「寺は文化の継承をやっている」という人もいる。でもこれは、博物館や美術館でもできる。だからこれでも説得力がない。

今、私は人生相談や誰にでも参加できる坐禅会を開いている。基本的に、ほぼ毎日。

私は、元来なまけ者だ。禅宗の僧侶は専門修行が終わると、強制的な坐禅はない。だから、さぼらないように私は坐禅会を開き、人の手を借りて休めないように環境をつくっている。それが唯一、私が仏道から離れない手段なのであり、一休さんの心を少しでも感じる道だと思っている。

心の眼を開く

明るくも　暗くも行くが仏なり
　死出の旅路は夜昼はなし

禅宗といわれる宗派は、現在臨済《りんざい》宗、曹洞《そうとう》宗、黄檗《おうばく》宗に分かれている。しかし黄檗宗は、江戸時代に日本に入ってきたので、一休さんの時代にはまだない。

また虚無僧《こむそう》（深編笠《ふかあみがさ》に尺八《しゃくはち》で知られる）の普化《ふけ》宗もこの時代は、禅宗に数えられていた。なぜ尺八が禅宗なのかというと、尺八の呼吸が坐禅と同じものであるということらしい。

しかし禅宗では、臨済宗と曹洞宗が多くを占める。その区別は、坐禅の作法の違いや公案（禅問答）のあつかいの相違がある。臨済宗の一四派に対し、曹洞宗は二派で、永平寺《えいへいじ》と総持寺《そうじじ》が総本山となっている。

今回の話は、その永平寺の禅教というお坊さんと一休さんのやりとりである。

ある時一休さんが禅教に、まっ黒に塗られた塔婆《とうば》を送ったことから始まる。一休さんがそういう行動に出たということは、この禅教も有名な僧侶だったのだろう。

塔婆を知らない人もいるだろうから、少し説明する。もともとは、サンスクリット語のストゥーパの当て字（卒《そ》塔婆《とうば》）からきている。死者の追善供養のため、墓の後ろに立てたりする木の細長い板で、上部は塔の形を模している。経文、戒名、施主の名などを書いてある。

禅教は、この一休さんの送った黒い塔婆の意味がわからない。そこで一休さんに会いに行き、問答をしかけてやろうということになった。まさに一休さんの策にはまったわけである。

一通りの挨拶をすますとおもむろに禅教、「そもさんか一説申す」としかける。

一休さんが「説破《せつぱ》」と応じると禅教は、「明るくも行かるる道を墨で塗り、死出の旅路は如何に行くらん」と問う。

それに一休さんは「明るくも暗くも行くが仏なり。死出の旅路は夜昼はなし」と答える。

さすればと禅教、「明るくも暗くも行くが仏なり。元の白木で何故置きはせぬ」と再び問う。

一休さんは笑いながら「元の白木で置くなれば、御身も我も口過ぎはできん」という。

禅教はこれを聞き、まいりましたと退散していった。

つまり、

「死後の旅路は、灯明をつけ明るければこそ、冥土《めいど》に行けるのではないですか。なのに本来白木の塔婆を黒く塗りつぶすとは、どういうことですか？」

「人は亡くなって肉眼で見るわけではない。（心眼で見るのだから）明るかろうが暗かろうがちゃんと冥土に行ける。だから黒でもいいではないか」

「明るくても暗くても行けるなら、わざわざ手間をかけ、黒く塗りつぶす必要もないではありませんか？」

「坊さんは塔婆に墨で字を書くから、生計が成り立つのではないか。白木のままでいいというのなら、どうやって喰《く》っていくのだ」

きれいごとをいっても、「霞《かすみ》を喰って生きてはいけないだろう」という、一休さんの痛烈な一撃。禅教は、声を失ってしまった。


一休さんは、正直者である。人にどう思われようと自在に生きた。その生き方こそ、無心というものだと教えてくれている。

禅教は、色にとらわれてしまっている。一休さんは、白だ黒だというとらわれこそ問題なのだと、諭《さと》してくれているのだ。本当は、どちらでもよい。心の眼を開くことこそ肝要なのだと。

ただ、誤解しないでほしい。ここでいいたいのは、臨済宗の一休さんが曹洞宗の禅教より優れているということではない。そこにはまれば、それこそとらわれでしかない。本末転倒、とらわれを無くすためにいった話で、とらわれてしまったら元も子もない。臨済も曹洞もすばらしい教えだ。あくまでもそれを学ぶ者の心構えで違ってくるということである。

心の迷いが生み出すオバケ

すべて物には　その物に固有の道理・理法というものがある

一休さんらしからぬ、ちょっとむずかしい表現を使っているように見える。しかし、この続きを見れば、少しは理解できる。

「水には水の徳があり、石には石の徳がある。猫は猫、杓子《しゃくし》は杓子である。物それぞれの徳、それぞれの理を勝手にまげることはできない。それゆえ「正法《しょうぼう》に不思議なし」という。摩訶《まか》不思議な奇蹟《きせき》のたぐいは、すべて各々の心の迷いが生み出すオバケである。人間は主体性を失うと、そういう変幻が現われることにもなるのだ」

宗教といわれるものの中には、奇蹟的なことをいうものもある。一昔前、ノストラダムスの大予言などがさわがれ、不安をあおって勧誘する手法が多くみられた。

また以前私は、仏教情報センターというところで電話相談を受けもっていた。すると多くの新興宗教にお金を騙《だま》し取られたなどという話を耳にした。

ある宗教団体は、「市民大学講座」を名乗り、また「自然を愛する会」などという名を隠れ蓑《みの》にして活動している実態を知らされた。

これでは騙されるだろうなというものも多くあった。非常に恐いものである。もちろん全てではなくごく一部なのだろうが、こんなところから新興宗教に興味を持ち、少し調べてみた。

するとUFOは先祖の霊であるなどという団体、フリーセックスや女性を神とするもの、ナベや健康食品を売る独自の布教をするものなど多種多様な存在があった。これを本気で信じるのだろうかと思うものや、真面目にやっているのか疑問に感じるものもあった。

そしてイギリスのハートフォードシャー大学の教授リチャード・ワイズマン博士は、こういった超常現象を科学的に研究するという学問をしているということも知った。超常現象といわれるものの多くは、錯覚してしまうという脳の認知システムに原因があるという。大変興味深く、日本でもこういう研究をやってほしいと思った。

少し紹介してみたい。

霊能者の場合はまず、その対象者の表情を見ることを基本とする。さらに話し方、服装をチェックする。するとある程度の情報が得られる。

そしていくつかの質問を投げかける。過去、現在、未来どこに関心があるか。それは仕事のことか、友人か家族か自分のことか。汗のかきかたや目などを特に観察する。

人間は本来、正直にできている。だから嘘発見器なども生まれてくるということなのだ。さらにその人の印象とは正反対と思われる言葉を並べてみる。例えば社交的だと思われる人だったら、「一面活発ですが、その他方でとってもさびしがり屋なところもあります」という。すると必ず当たるという。当然、人間には多面性があるからだ。

そして漠然とした表現、造語。知らないことをいわれると、人間はハジだと思い、防衛本能が働き、わかったと思いたがる。勝手に相手を信じようとしてしまう作用が生まれる。そうなれば、適当なことをいってさえすれば、すべてを勝手に自分におきかえて意味を見い出すようになってしまう。

ちなみに手相をみる人が、手をさわって鑑定するのは相手の反応をみているということらしい。人間はいいこと（当たったこと）は、印象に残りやすい。だから反応もでやすいということだそうだ。

まさに一休さんがいわんとすることは、これに当たる。

夢がないといわれてしまうかもしれない。しかしいつの時代でもこういう輩《やから》は、はびこる。それは変わらない。

不思議はおもしろいし、興味もわく。夢を持ち楽しむのは、悪いことではない。だが、人を幸せにするといいながら、不幸にする者は、許せないと一休さんはいっているのだ。

おごった心を見つめる

古歌に曰《いわ》く「染るなよ　心のうちを墨染《すみぞめ》に　衣の色はとにもかくにも」とある
心の色こそ有難い　紫衣《しえ》も紅衣《べにえ》もさらに尊きものにあらず

現在ある全国の寺院は、明治時代につくられた「宗教法人法」を基にしている。この時、それぞれの組織や所属が明確に分けられることとなった。

我が大徳寺派においてもこの時、寺班という寺のランク分けが行われた。今の大徳寺には、九等級ある。別格地から一等地さらに順次八等地まで。

また僧侶の階級（法階）も一一に分けられている。再住位《さいじゅう》、前住位《ぜんじゅう》、住持位《じゅうじ》、東堂位《とうどう》、西堂位《せいどう》、徳禅位《とくぜん》、前堂職《ぜんどう》、首座職《しゅそ》、蔵主職《ぞうす》、侍者職《じしゃ》、新戒《しんかい》。

この位によって衣や袈裟《けさ》が決められている。衣の色は紫が最高であり、他に黄色、黒、紺など。

時代によって多少の変遷《へんせん》はあるが、大まかには変わっていない。ただ昔の紫衣と今のそれとは価値があまりに違う。昔の紫衣は、天皇からさずけられる物、しかし今はお金さえ出せば自分でつくることができる。

法階においても、大きく違う。よく墨跡《ぼくせき》などを見ると「前大徳」という和尚さんの肩書きが書かれている。この「前大徳」とは、前住位の法階の者のことである。一休さんや沢《たく》庵《あん》和尚などの墨跡にも、この肩書きがでてくる。この「前大徳」は、今でいう管長職と同格なのである。

それが今は、年齢や修行歴、住職になってからの年数などで普通になることができる。現に私などもこの「前大徳」なのだ。

決して自分は、一休さんや沢庵和尚と同格な和尚ではない。だから、あえて警鐘《けいしょう》のためにいわせてもらう。特に茶人といわれる方々、この肩書きに目をくらまされないでほしいと。昔も今も、人は権威に弱い。それを一休さんはいっているのだ。

「染るなよ　心のうちを墨染に」とは、欲の皮がつっぱって目が見えないこと、そこを墨染といっている。墨染とは黒色であり、腹黒いともかけている。

衣の色は、関係ない、「心の色」で見ろと。「心の色」とは、無心の心ともいえる。本当に尊いのは、その人の生き方。具体的にいえば生活態度。

過去にどんなに偉大なことをしても関係ない。なぜなら、人は変わるから。

世間的に認知されている職種の人が、罪を犯すことがある。医者や弁護士、政治家やなかには坊さんもいる。

そこには「自分は特別だ」という慢心《まんしん》がある。つまり心のスキ。そこで禅僧は、坐禅をし口々の脚下を見つめるということを行っている。

私が大徳寺にいた時も、総理大臣経験者や著名な実業家が僧侶に相談におとずれていた。政治家であれば先輩政治家、実業家なら経営コンサルタントにでも相談すればよさそうなもの。より実状に即したアドバイスが与えられそうだ。

しかしそれらの人は、禅僧の無心に期待したのだろう。昔の剣術家が禅を信仰したのも、そこに技術を求めたからではない。茶道も同じ。

肉眼でみることのできない心眼。心の鏡、私利私欲から抜け出た導き。

坊さんが坐禅するのは、この心を曇《くも》らせないようにしておくため。心のストレッチである。

人が人生で失敗するのは、一つのことで頭がいっぱいになり全体が見えなくなる時だ。「必ず儲かる」と思ってすぐそれに飛びつき、そのあげく全てを失う。儲かることのみにとらわれ、冷静な判断ができなくなる。

頭に血がのぼると、なにもかも見えなくなってしまう。坐禅を正しくすれば、頭寒足熱《ずかんそくねつ》状態をつくりあげることができる。つまり理にかなっているということ。

いつの時代も変わらぬ真理をつく禅僧一休。現代人が共感するのは、ここに由来するということなのだろう。

今日一日を精一杯生きる

手あぶりは　昼夜さすられても一生
箔屋《はくや》の盤はたたかれても一生はすごすなり
人の口には戸がなければ　ふさがるる物にあらず
出ほうだいはいい勝ちなり

最近は、ストーブやコタツその他暖房器具も多種多様で、火鉢を使うことも少なくなった。実際、炭をおこすのも手間暇がかかり非常に効率が悪い。

しかし本山である大徳寺では、いまだにこれを使用することがある。これもまた今でいう「おもてなし」ということなのであろう。また炭の暖かさというのは、なんともいえないもので、他のものにない良さを感じる。ジンワリした暖かさというか、自然の暖かさというか、味わった者しかわからないのではないか。

「手あぶり」とは、この火鉢の上で、手をさすりあわせること。

つまり「手あぶり」するように子供の頭をさすること。頭をなでられ喜ぶことをいっている。「たたかれても云々」とは、叱られること。一言でいえば、楽しくても一生、苦しくても一生ということをいっている。

一休さんの話にはこのように具体的な物を出して、たとえ話をするのだけれども、時代の変化で今の人は、その物自体を知らないというようなことも出てきている。

我々僧侶も禅問答をする時、このようなことが起きてくる。例えば狗子《くす》といえば、犬のことである。まずここから調べなければ、当然その内容を理解できないから、質問以前の話になってしまう。

「箔屋」とは、金箔《きんぱく》などを作る店、箔を作るため盤（板）に打って材料を薄くしていくこと。

また人の口をふさぐものはないので、ついいいすぎてしまう。「人の口には云々」は「口は災いのもと」ということを教えている。

人は生きていれば、楽しいことも苦しいこともあるが、お釈迦様がいわれたように、この世は忍土《にんど》（痛みや苦しみに満ちている世界）だ。多くの人は、そう感じているはず。

ここにおもしろいデータがある。世界各国の様々な人種や職業の人に「今までの自分の人生で、何パーセントの幸せを感じるか」という質問をした。すると財力も立場も違うこれらの人々のほぼすべてが六〇パーセントは幸せと感じているという結果が出た。

実際には、私は苦しみのほうが多いのではないかと思う。私自身も自分の修行中「こんな苦しみの時間はない」と思っていた。しかし今となると、それもなつかしい想い出に変わっている。心の変化が起きているのだ。

これは他の人でも同じことがいえるだろう。つまり、人間には、防衛本能というものがある。それは、体だけではなく、精神にも。

もし、苦しみだけの人生だと感じていたら、生きていくことはできない。だから適度な六〇パーセントの幸せを感じると思い込み、心の平安を保つように防衛本能が働くのだ。そう私は、解釈している。


禅では、よく「即今《そっこん》、唯今《ただいま》、この瞬間」などという。

苦しみも楽しみもいつまでも続くわけではない。そしていずれ誰しもが死に至る。死ねばすべては終わりになる。

だったらそんなものを離れ、今を頑張ることだ。

私は自分の予定表のその日一日だけを見て生活している。先の予定が入れば、その日の項に記入はしておくが、今日という日には先の予定は見ない。

先がつまっていることを見てしまえば、自分のモチベーションが下がってしまう。今日一日を精一杯生きる。修行生活からそのことを学んだ。

また修行中は、よけいな言葉を発することは禁じられている。先輩に指示を受けたら、「ハイ」、それしかないのだ。それでも頭の中には勝手に理屈が浮かんでくる。言葉にださないと、それが整理され、後に適切な表現になって浮かんでくる。言葉を飲み込むことの大切さを学んだように思う。いわない経験、それが後々ためになった。

「面白かった」といえる人生

須弥南畔《しゅみなんばん》　誰か我が禅を会す
虚堂《きどう》来たるも半銭に直《あたい》せず

一休さんは、文明一三年一一月二一日に亡くなる。八八歳であった。

この句は、一休さんの遺偈《ゆいげ》である。遺偈とは、漢詩の形をとった遺言のことであるが、この句は生前もうそろそろやばいという時につくられていたものだろう。

つまり亡くなる時につくったものではなく、準備段階の（まだ気力も残っている）時のものであろうから、正常な判断力のあるうちに自分の人生をふり返ったものといえる。

禅僧には自分の師を超えてこそ、その法を継いだというところがある。確かに直接的な一休さんの師は、謙翁《けんおう》和尚であり華叟《かそう》和尚である。しかしその先（前）には、大徳寺の開山となった大燈国師《だいとうこくし》があり、さらに先に中国虚堂和尚がいる。

一休さんは、自らを虚堂七世の孫といい、特にその存在を意識していた。

虚堂和尚は中国五山の浄慈寺《じょうじじ》や万寿寺《まんじゅじ》に住み、その徳望は、集まる雲水《うんすい》（修行僧）が多く寺に収容できなくなるほどであったという。

以前、大徳寺の管長にお供して、この虚堂和尚の墓参に伺ったことがあった。行ってみると、真新しい墓でがっかりしたことを憶えている。

中国は、文化大革命の折、多くの仏像や寺がこわされた。だから今、中国へ行くとどの寺も同じような造りであり、古いものはほとんどない。

インドから中国を経て、日本に入って来た仏教であるが、ルーツであるインドにはほとんど仏教徒はいない。また中国でもこのような有り様で、現存の古い物は日本にあるというのが現状のようだ。


虚堂の墓も、日本からくる仏教徒がいるため、外貨獲得の意味もあり、国が認め日本の仏教団で新たに建てられたものであろう。

句の中の「半銭に直せず」とは、この虚堂和尚が来られても、自分の禅の見識から見たら半銭の価値もないというのである。

こんなことを一般の人が聞いたら、なんと傲慢《ごうまん》なと思うだろう。しかし禅僧はこれ位の強い自信がなければ、人などついてきてはくれない。一休さんは、そのことを知っていたからこそ、あえてこう表現したのだ。

大徳寺にも有名な「問法書《もんぽうしょ》」なるものが残されている。開山大燈《だいとう》国師と花園《はなぞの》天皇の会談の様子を記したものである。

初めて大燈に会った天皇は、いう。

「仏法（つまり大燈のこと）とは、不思議なものだ。王法（天皇）と対等だというのだから」

つまり、大燈に圧力を掛けたのだ。それに対して大燈は平然と答える。

「そっちこそ不思議だ。仏法と対等だと思っているのですから」

ここでいいたいのは、仏法が上だ、王法が上だということではない。そんなものにとらわれないことが大切なんですよ、といっている。

つまり、自信と謙虚、厳しさと優しさは表裏一体の関係があるということ。一休さんは誰のために遺偈を残したかといえば、自分の弟子や信者さんのためである。

この人達に、五帝三皇《ごていさんのう》（中国古代からいわれる理想の皇帝）是れ何物ぞという姿勢を示すことによって、安心を与えているというわけである。

さあ、この俺を超えてみよというところだろうか。

今も名を残す幕末の志士で長州の高杉晋作《たかすぎしんさく》は、驚くことに維新直前に二七歳で肺結核で亡くなっていた。

その辞世の句が

「面白きこともなき世を面白く」

だったという。

まさにぶ厚い人生を歩んだということだろう。

高杉晋作のように、精一杯生ききってこそ、「面白かった」といえる幸せな人生がある。

それは、短命、長命は関係なく、自分の生き方に対する自信、達観がそういわせているということなのだ。

すべては心の持ちよう

来て見れば　ここも火宅《かたく》の宿なれど
心を止めて住めば住よし

厳密にいうと本当は、これは一休さんの作ではない。住吉大明神の歌である。作家檀一雄《だんかずお》の『火宅の人』という作品があった。「火宅」とは、この世を表す仏教語で、サンスクリット語では「燃えたった家」という意味である。

『法華経《ほっけきょう》』の中に話がある。

ある金持ちの家で、火事が起こった。本人は危うく難《なん》をのがれることができたが、その子供達はまだ家の中にいた。

金持ちは、大きな声で「あぶない。そこにいると焼け死んでしまうよ。早く外へ逃げておいで！」と叫ぶ。しかし子供達は、遊びに夢中になっていて動こうとしない。

そこで金持ちは思案し、「おもしろいオモチャが外にあるから出ておいで」と再び叫ぶ。そこへ来てようやく子供達は出てきて、事なきを得る。

この金持ちとは、お釈迦様。子供達は衆生である。この世の中は、生きるに苦しい炎に包まれている。衆生はこの身が火に燃やされているのを実感できず、今ある目の前の快楽や利益を追い求める。お釈迦様は、これをなんとか導こうとしているのである。

これは、昔の話ではない。今生きている現代人もしかり、さまざまな悩みをかかえながら生きている。


一休さんの生きていた室町時代は、内乱、暴動、飢饉、疫病に人々は苦しめられた。そこまでいかなくとも、現代も自然災害など、死は決して現実から離れない。

この歌は一休さんが大坂住吉大社に参詣《さんけい》した時の話だ。そこにいたある一人の老人が声を掛けてきた。どことなく気品が感じられる老人であった。

「ここへ来た記念に、ひとつ歌でも作ってみてはいかがですか」と。

一休さんは答える。

「来て見れば、ここも火宅の宿りなり。なに住よしと人のいうらん」

つまり住吉大社に懸《か》けて、「ここも住みよい場所ではない」と。

対して老人は、ワシならこう詠むと。

「来て見ればここも火宅の宿なれど、心を止めて住めば住よし」。

住みよいも住みにくいも、その人の心の持ち方次第で変わるということだ。

一休さんは、この歌を聞き「恐れ入りました」と頭を下げると、もうそこに老人の姿は無かった。「ああ、あれは、住吉大明神だったのか」と気づくのだった。

そしてここに住むと決めた一休さんは「牀斉庵《しょうさいあん》」を建て、移り住んだという。一休さんもやり込められたという珍しい話。

禅語に「随処《ずいしょ》に主《しゅ》となれば、立処皆真《りっしょみなしん》なり」という言葉がある。まさにこのことを思い起こさせる逸話である。

「随処」とは、あらゆる所、あらゆる場面である。「主」とは、主人公になること。そして「立処」とは、自分の立ち位置。

どんな地位、環境にあっても、自分が主体となれば、皆真実の世界。つまらぬこだわりや雑念が消えれば、本来自分の持つ力を発揮でき、輝く人生を生きられる。

世の中には、社長も部長も平社員も、医者もアルバイトもいる。

おかれている立場はみな違っても、生きがいが持てること、これこそ本当の幸せだと思う。ただ勘違いしてはいけないのが、これは決して人が与えてくれるものではないということなのだ。その人その人の心の持ち方で、すべてが変わってくる。

医者の養老孟司《ようろうたけし》さんはいう。

「『創造性』『独創性』というのは、今、自分がいるところの下、足元を掘って掘って突き抜けたところにあると思うのです」（『平成の名言２００』から）

信望とぶれない自分

高砂《たかさご》の尾上《おのへ》の鐘も破《わ》れるなり
　土でこねたる茶碗大事か

この歌で思い出すのが、戦国時代の伊達政宗の話である。奥州の覇者《はしゃ》といわれた政宗は秀吉が遠い地にいたため、自由勝手に行動していた。

そんな政宗を面白く思わない秀吉は、政宗を呼びつけたが、小田原の北条攻めに遅れてきたことに激怒。こんな空気の中で、なにを思ったか政宗は秀吉のお供できていた千利休に茶を習いたいと申しでたのであった。

これを聞いた秀吉は、「この命さえ危ないという時に茶を習おうとするとは、面白い奴」と心を変えたというのである。

まさに茶の湯が、人間関係の潤滑油《じゅんかつゆ》となったのだ。

こんな政宗であったが、ある時、手にしていた名物の茶碗を落としそうになった折、それこそ心臓が止まるほどに狼狽《ろうばい》してしまった。そんな自分を深く恥じ、その茶碗をたたきつけ打ち砕いてしまったという。

ちなみにこの茶碗は米一石（一五〇キロ）が約一貫とされていた時代、千貫するといわれるものであった。


さて、この歌であるが一休さんの小僧時代、他の小僧仲間がうっかりして将軍から預かっていた大切な茶碗を、ふとしたはずみで端《はし》をかけさせてしまった。

青い顔をする小僧の前を通りかかった一休さんは、その子細を聞きこの茶碗を持ち、「この罪を私が引き受ける」といって地面にたたきつけ、こなごなにしてしまった。

その後一休さんは、師匠に連れられ将軍のところへ謝りに行った。当然将軍は怒り、「天下の名器といわれるこの茶碗を打ち砕き、小僧とはいえ許すわけにはいかぬ。もしなにか申しひらきできることがあるなら聞くが、なければ手討ちにいたす」と。

この時、一休さんがはなったのがこの一句である。

「尾上の鐘」とは、大変堅牢《けんろう》な物のたとえ。そんな堅牢な物でも、永遠ではない。つまり仏教でいうところの「無常」。常である物はなに一つない。

そんな茶碗には、今の価値感や既成概念しかないのだ。

天下一の名器といっているが、これは今の泰平の世での玩物であり、決して国のために役立つものではないというのである。

本当にこの世で大切なのは、それこそ人の命ではないだろうか。どんな名器であろうともそれを打ち壊したからといって人の命を奪うような物なら、初めからないほうがよいに決まっている。

そしてさらに一休さんは、政治の現状のことまで、将軍に話し始めたという。

「今の役人は賄賂《わいろ》をもらい、公平性にかける。そのため下々の者は、おおいに困り貧困にあえいでいる。役人は本来、公平にものを見、正義を旨とするを善とし……」

将軍に意見してしまったという。

しかし将軍も、一休さんの話に耳をかたむけ、ついには「壊れた茶碗はそちにとらせる」とまでいいはじめた。機嫌もすっかり直ってしまった。

正しい事のために、こびない一休さん。今の政治家にも聞かせたい説教である。

政治とは、本来国民のためになるものでなければいけない。人の上に立つ者は、ゆめゆめ忘れてはいけない教訓。

坐禅では、姿勢を大変重視する。その姿勢に慣れる。そこには「辛抱」が必要だ。

そしてそこに「心棒」が生まれてくる。なお続けるうちに「真棒」となっていく。

そんなぶれない自分が出来あがっていく過程で、人への「信望」へと繋《つな》がっていく。

ぶれない自分、生きる上で大切なことを一休さんは伝えてくれている。

第五章

禅的に生きる

仏様の力を信じる心

襟巻《えりまき》のあたたかそうな黒坊主
　こいつが法は天下一なり

一休さんと蓮如《れんにょ》の交流は、よく知られている。一休さんは臨済宗《りんざいしゅう》、蓮如は浄土真宗《じょうどしんしゅう》。つまり坐禅と念仏、自力と他力。

表面上まったく違う宗旨（宗派で重点的に説くところ）である。

しかしそれぞれがさすが第一人者。この二人はまったくそんな外野《がいや》の声を気にもしなかったにちがいない。

この歌は、本願寺で開かれた親鸞《しんらん》上人二〇〇遠年忌の折、蓮如に招待された一休さんが詠《よ》んだ句ということらしい。

「襟巻」とは、白い絹の襟巻で高僧が着用するもの。冬の寒い日、中国の皇帝や日本の天皇が高僧に対して寒さ対策として、自分の白衣の片袖をちぎって与えたことから始まったといわれる。だから頭からかぶり首におさめるその形は、輪型になっている。

大徳寺《だいとくじ》の開山は大燈《だいとう》国師というが、このような高僧の中には、国師号が天皇より与えられた者もいる。国師とはまさに、国の師、天皇の師ということである。

ちなみに国師号をさずかった僧には、五〇年に一度、その時の天皇により新たな四字の名が加えられる。

大徳の大燈国師では、六五〇年の遠諱《おんき》の折にも昭和天皇より名をいただき、現在の名を「興禅大燈高照正燈大慈雲匡真弘鑑常明圓満浄光大智性海玄覚洪淵國師」といい、まさに寿限無《じゅげむ》の落語のようである。

一休さんが招待された親鸞の法要には、その頂像《ちんそう》（禅宗の高僧の画像）が掲げられていたのだろう。それを見た一休さんが「黒坊主」と言ったのだ。

禅宗では、よく逆説的な表現がされる。例えば良寛《りょうかん》の号は大愚《たいぐ》（大きな愚か）とか、無学（学が無い）などという名の高僧もいる。

黒坊主とは、黒い衣を着ている低位の僧という表現だが、これはあえて下げて誉《ほ》めているといっていいだろう。

その後に続く「こいつが法は天下一なり」でも、そのことがわかる。

この時代、僧侶の妻帯は許されなかったが親鸞は我が国で初めて公然と妻帯した。

一休さんは、この姿勢を良しとした。かくれてそんなことをやる僧と名乗っている者よりずっといいと。いわゆる自称「僧」たちの本音と建て前にがまんならなかった一休さんの心のほとばしりなのだ。

そして実際、親鸞の浄土真宗は日本最大の大教団となっていったのである。

自力であるとされる禅宗であるが、禅宗にも「お経」はある。私は、そこで考える。「お経」の重要な意味は、祈りにあるのではないかと。人間、努力精進することは生きる上でとても大切である。

しかし現代でも多く起きている自然災害。いかに科学が進歩しても、人間の力は大自然には勝てない。

勝てない以上、自分のできうることは何か。それは成仏を祈ることの他ないのではないかと。努力の上に、あとは仏様の力を信じること。

「念仏」においても、阿弥陀様にすがる。その中で一念になった時、必ず自分の努力の必要性を感じる。それが人間ではないか。

禅と念仏は入口は違うけれど、必ず後々には、それが交錯する。

一休さんも蓮如もそのことを知っていた。だからこそ、お互いの切磋《せっさ》琢磨《たくま》があったのではないか。

ある人が、馬の絵に賛をつけてもらおうと一休さんのところにやってきてお願いした。するとー休さんは、すぐに筆をとり「馬じゃげな」と書いた。

高い金を払って有名な絵書きに描かせた馬に「これは馬だそうです」と。その人は、「じょうだんじゃない」と腹を立てて帰った。

そして改めて思い立って、この賛を直してもらおうと、今度は蓮如のもとに行き、事情を話す。

するど蓮如、今度は「そうじゃげな」と。まさに息ぴったりの二人である。

極楽も地獄も心の中に

金仏《かなぶつ》や木仏《もくぶつ》に画像・石仏《せきぶつ》　有難がるも口利かぬゆえ
釈迦・阿弥陀・地蔵・薬師と名はあれど　同じ心の仏なりけり

この歌も浄土真宗中興の祖、蓮如とのやりとりの中に出てくる一節である。
ある日の一休さんと蓮如のやりとりで、一休さんは、

袈《け》裟《さ》法衣《ほうえ》　有難そうに見ゆれども
　これも造花の他力本願

といわれた。一休さんの所属する臨済宗は、自力本願（自分で悟りを開き仏となる）なのに対し、蓮如の浄土真宗は、他力本願（阿弥陀如来の力によって仏となる）といわれる。

蓮如がきらびやかな服装をしているのを見て「いくら立派な法衣を着ていても、自分が仏

になることはできないだろう」と一休さんはいったのである。

これは一見、浄土真宗の蓮如を皮肉ったように感じられる。しかし一休さんは、蓮如の僧侶としての力量を知っていた。だからどんな答えをくれるのか、楽しみに発した言葉だったと私は推測する。

そして、蓮如は、

物の名は、所によりて変るなり
難波の葦《あし》は伊勢の浜荻《はまおぎ》

とみごとに応じる。同じ花でも所によってその呼び名は変わる。それと同じで、仏教でもその宗派によって仏になる方法が違うのだと。

私もよく受ける質問に、「同じ仏教なのになぜ宗派の違いがあるのか」というのがある。

これに対し私は、「富士山に登るにも、色々な登り口がある。登り口は違っても目的は同じ。富士登頂は、仏教でいうところの仏様になるということ。登り口とは、人それぞれの適性で、方法論の違いということ」と答えている。

このことを蓮如は、いったのだろう。

すると今度は、「西方に極楽あり、また一三六地獄があるというが、私もいったことがない。それはどんな所か、どうか教えてもらいたい」と再び一休さんは尋ねる。

これも禅宗と浄土真宗の違い。仏法に不思議なしと標榜《ひょうぼう》する禅宗では、あまり極楽浄土というようなことをいわない。そこでその考えを問うたということ。

これに蓮如は、「あるという人には地獄はあるものぞ、無しと思えば人にこそよれ」と答えている。つまり「あると思う人にはあるし、無しと思う人には無いのだ」。

これは、禅宗でいう「極楽も地獄も心の中にあり」にもかなう答えといえる。

江戸期の白隠《はくいん》禅師は、ある時若侍に「地獄極楽はあるのか」と尋ねられる。この時、白隠はこの若侍をバカにしたように、「図体ばかりでかくて、そんなこともわからんのか。くだらない質問をするな」と答える。

若侍は、この白隠の態度に激怒し、刀に手を掛ける。その姿を見た白隠は、そこで一言、「それが地獄だ」と。

この言葉に納得した侍は、刀から手を放しおだやかな顔になる。すると今度は白隠再び「それが極楽だ」と。

そんなエピソードを想い起こす蓮如の言葉である。

日常でも、こうだと思い込んでいる人に、いくら違うと説明しても納得はしないと思う。

だから、そこをとりあえず肯定してあげること。その事によって、それ以後の妄想を断ち切ることができる。判断中止に持っていってあげることも一つの方便だということである。

一休さんは「ときに真の仏とは何《いず》れにあるか」とまた聞くが、これにはさすがの蓮如も答えに窮《きゅう》した。そこで一休がはなったのが、

「金仏や木仏に画像、石仏、有難がるも口利かぬゆえ。釈迦、阿弥陀、地蔵、薬師と名はあれど、同じ心の仏なりけり」

宗派が違い本尊が違っても、仏を求める心は同じだということ。

さらに髑髏《どくろ》をつき出し、「これが真の仏」と一休さんがいうと、蓮如は「これぞ真の極楽」と応じたという。髑髏は、死んだら仏という象徴、人間の帰結、最後はこれよということをいっているのだろう。

「安心《あんじん》」とは何か

極楽へ　さほど用事はなけれども阿弥陀を助けに行かっしゃるか

一休さんが生涯で崇拝した師匠は二人、謙翁《けんおう》と華叟《かそう》である。謙翁に仕《つか》えていたのが、一七歳から二一歳。華叟に仕えていたのは、二二歳から三五歳。

特に敬愛する初めての師であった謙翁に対する思い入れは、多感な青年期であった一休さんにおいて自分の生きるすべてであった。

そのため謙翁の死は、とても一休さんにとって受け入れ難く、滋賀石山《いしやま》寺で七日間の参《さん》籠《ろう》の後、瀬田川の橋の上からとびおり自殺をはかろうとしたという。まさに絶望の淵《ふち》にいたのだ。

そして再び生きる望みを与えたのが、華叟との出会いであった。謙翁は、臨済宗でも妙心寺派、華叟は大徳寺派の僧侶である。派は違うようだが、大徳寺の開山は大燈《だいとう》、妙心寺は関山《かんざん》である。つまり大燈の弟子が関山であり、まさに親子関係の寺で、また謙翁、華叟に共通するのが、本山から距離をおいていたということ。枯淡《こたん》を良しとする一休さんの修行の方向性をここに見ることができる。

初め五山派の寺（安国寺《あんこくじ》）で出家した一休さんであったが、その内情をみるにつけ林下《りんか》といわれる大徳寺、妙心寺へ憧れは移っていた。


この歌は、師が亡くなる時に詠《よ》んだ歌ということであるが、謙翁の死の折には自殺しようと思うほど心は暗く、憔悴《しょうすい》しきっていたことを考えると、華叟のもとでの修行時代の話ではないか。

ご逝去《せいきょ》が近くなった華叟は、枕元に一休さんを呼んだ。そこで一休さんに対し「私はもう逝くぞ」という。

これに対し一休さんは、とぼけて「何《いず》こへ」というと、師は「極楽へ」と答えた。そこで一休さんは今度は、「何しに」と問うと、師は「さほど用事はなけれども」と答える。

周りにひかえる他の弟子達は、師がもう危ないという時だけに身体の負担をなにより考える。よりによってこんな時に、そんな会話をする必要がないのではないかと、気が気ではない。

一休さんはこの師の最後の言葉「さほど用事はなけれども」に対し、「阿弥陀を助けに行かっしゃるか」と下の句をつけて、この会話を完成させた。

師はこの言葉を聞き、ニッコリと笑み、静かに眼を閉じ大往生を遂げたという。

まさに一休さんと師が、いかに信頼し合っていたか。息ぴったりの様子がここにある。師の「さほど用事はなけれども」の語には、禅僧として「生死一如《しょうじいちにょ》」という死に直前しても何も怖くないという姿勢が読みとれる。

一休さんはそれに即座に「阿弥陀を助けに行かれるのか」と答えた。「師匠もいよいよこの世からあの世に渡り、あの世で仏様を助け人々の救済に向かわれるのですね」というわけだ。阿弥陀は、この世で人々の迷いを悟りへと転化させる有り難い仏。師をそれと同格だといっているのだ。

仏教でいう「安心《あんじん》」とはなにか。教えてくれる一句である。

一休さんの行動や言動は、端《はた》からみると異端である。しかしそのすべてに、一本の筋が通っている。たとえば、一休さんの逸話の中で有名な話として、「この橋を通らずに向こう へ渡ってみよ」というのがあった。

一休さんはすたすたとその橋の真ん中を平気で渡り、後でこのことをとがめられると、「端《はし》を歩らずに真ん中を通った」と答えたという。

まさにぶれない、そんな含蓄《がんちく》もこの話にあるように思うのは、手前勝手な解釈だろうか。徹底した悟りを得た一休さんは、善も悪も、白も黒も超越した禅者に後々なっていく。超禅の僧といえる。若かりし日の一休さんに、その過程をみることができる。

安心《あんじん》こそ本物の幸福

有漏路《うろじ》より無漏路《むろじ》にかえる一休み
雨降らば降れ　風吹かば吹け

いわずと知れた一休さんの名にちなんだ一句である。アニメで有名な一休さんであるが、厳密に言うと、小僧さん時代の一休さんの名は周建《しゅうけん》である。

坊さんは、一般の人にくらべると名前がたくさんある。ちなみに一休さんの俗名（生まれた時の名）は千菊丸《せんぎくまる》であり、安国寺で得度（坊さんになる）した時、像外《ぞうがい》和尚に与えられた名を周建という。

つまりその頃の話である「一休さんのとんち話」ならば、本当は「周建さんのとんち話」が正しいということになる。ただし同じ人物のことをいっているので、世で知られる一休さんの名で統一して表現したということなのだろう。

その後は大津《おおつ》堅田《かたた》の華叟和尚の元で、宗純《そうじゅん》という名に改められた（謙翁の時という説もある）。なぜそのことがわかるかというと、それは大徳寺にちなんだ名であるから。大徳寺派の僧侶は、古くから慣例で「宗紹妙義」の四字から一字を名にあてることになっている。

茶道における茶名（茶人としての名）も、千利休《せんのりきゅう》の名が宗易であるように、大徳寺をルーツとした名ということがわかる。一休さんの俗弟子（一般人の弟子）である村田珠光《むらたじゅこう》、その弟子である武野紹鷗《たけのじょうおう》（利休の茶の師）も大徳寺の僧に禅を学んだ。

このことにより茶道は、禅宗というのである。

一休さんの名（正しくは道号といい、禅僧として一人前になった時に授《さず》けられるもの）は、師の華叟から二五歳の時に授けられたということなので、この歌もそれ以後の作品であることがわかる。

また一休さんは、自らを「風狂《ふうきょう》の狂客《きょうかく》」「狂雲子《きょううんし》」「虚堂《きどう》（中国の僧の名）七世の孫」なども名乗っている。

ちなみに近年、一般人で戒名《かいみょう》というものを自《みず》らつけるなどという風潮もあるが、これは根本的におかしい。なぜなら、本来戒名というものは仏弟子となるための名である。それは菩提寺の住職を師匠と介し、仏弟子となるわけだから授《さず》けていただくものなのだ。決して自分でつけられるというものではない。

一休さんが自ら名乗ったというのは、あくまで悟りを開いてからということを忘れないでいただきたい。

「有漏路」とは此岸《しがん》、「無漏路」とは彼岸《ひがん》のこと。しかしそんなことを言われても、なんのことかわからないと思う。だから私はあえて、「迷いから悟りに到ること」と訳す。「一休み」は、まさに休憩。

お釈迦様は、「中道」ということを強くいわれたが、これは程々がいいということ。お風呂に入るのに、人にはそれぞれの適温がある。四二度が熱いと感じる人もいれば、ちょうどいいという人もいる。だから「自分の適温を自分で知れ」と諭しているのだ。

そうすれば、苦しみ多いこの世の中も住みやすくなると一休さんは、看破《かんぱ》しているのだ。それこそ「雨降らば降れ　風吹かば吹け」という境地だろうか。

世界には、色々な宗教がある。しかしなぜそのように宗教が発生してきたのかといえば、それは皆、幸せを求めたからに違いないと思う。

なかには、幸せにするといって不幸にするとんでもない宗教もあるけれど、世界中の人が求めたものは、すべて幸福をつかみたいという願いだ。

禅宗では、この幸福というものは外に求めても得られないといっている。表面的にみれば、土地やお金や健康、長寿など求めたいものはいくらでもある。しかしこれは、すべて一過性のものでしかない。

永遠のものを求めるなら、自らの心を変えなければならない。

結果、悟りを開くこと。このことにより、安心を得る。

この安心こそ、本当の幸福だということ。動じない「雨降らば降れ　風吹かば風吹け」の境地が得られるということなのだ。

「陰徳《いんとく》」を積んで罪を浄《きよ》める

人はすべて　どのような人間であろうと　この世に生きている限り
罪業をつくらずに生きることはできないものである

人間は生きている限り、罪を重ね続ける。

食べること、すなわちそこに動物、植物の殺生があるわけだし、家を建てることもクツや衣類に関しても、知らず知らずになにかの命を奪って成り立っている。

このことが自然のサイクルを作っているともいえるが、命の貴さに無関心であってはならないと思う。特に我々宗教者は、そのことを声を大にして語っていかなければならない。

なぜならその自覚なくして、宗教心の核にある感謝は生まれてこないから。

よく仏教では「陰徳」という言葉を使う。陰徳とは、人知れず人のため世のために役立つこと。そのことを良しとする教え。

私達臨済僧の間でロングセラーとなっている修行の手引き書に、『雲水《うんすい》日記』というものがある。

雲水とは修行僧のことであるが、特に今の若い僧は、一休さんの時代のような小僧経験のない者も多い。それは世襲的要素が増えてきたことによる。

昔のように僧が結婚しない時代と違い、現代は自分の父親が師匠になっていることも多いため、学生時代に寺のことを教えるという感覚が薄れてしまっている。寺を継いでもらいたいがために、あまり早い内にうるさくいって、子供の興味を失わせることを恐れたのである。まさにはれものにさわるようになっている。

本来は、専門修行である雲水になる前にすでに学んでくるべきことを、僧堂（修行道場）に行ってから教えられるというようなことが起きている。

しかしこれから道場に行こうという本人にとっても、まったくなにも知らずにというのは不安である。予備知識がほしい。そこで『雲水日記』という修行経験のある者が書いた絵日記が重宝されるということになる。

その『雲水日記』の中に、「陰徳」のことが書かれている。

私も多少は小僧経験があったが、それでもやはり不安があったので、修行前に、この『雲水日記』を読んだ。

その陰徳の項に、トイレ（道場では東司《とうす》という）掃除のことが書かれていた。

トイレは最も汚れやすい所である。だから人知れずこのような所を掃除することは、より徳が得られるというのである。

人間は生きているだけで、知らず知らずのうちに罪を犯しているのだから、その行いを浄める必要があるからだ。そのため、夜中、周りが寝静まった中で誰も気づかぬうちにきれいにしておく。単純な私は、この行為に感心した。

そして実際、自分が雲水になった時、寝る間を惜しんで実行したのだ。しかし何度目かの時、自分と同期に入門した者に見つかってしまった。

同期の者は、私と違い宗門の大学の出身者であった。

「何してんの？」

「陰徳を積んでいる」

「バカじゃないの」

この時の二人の会話である。実際には、その本に書かれているが、それは理想であり本当にそんなことをしている者は、いない（昔はいただろうが）。そういうことらしい。

私もそれ以来、テレからその掃除をやめてしまった。しかしその心だけは、今も心のかたすみに残している。


現在私は、いくつかのボランティア活動に参加させていただいている。これは僧侶だからということだけではなく、生きているということがすでに罪を背負ってしまっているとの自覚から、それを少しでも浄めたいと思うからである。

歩くだけですでにアリをふみ殺しているかもしれない。なにもむずかしいことではない。食事の時に、「いただきます」「ごちそうさま」という。これだけでも大きな懺悔《ざんげ》であり感謝である。要は自覚である。

しっかりと諦《あきら》める

生まれ来て　その前生を知らざれば
死にゆく先はなお知らぬなり

死への恐怖は誰もがいだくものである。私自身が初めて死の恐怖を感じたのは、大学一年生の時、同級生が亡くなった時であった。

原因は自殺だったのだが、睡眠剤を大量に飲んでのことだったため、悲惨な姿という訳ではなかった。私が訪ねた時には、まさにその姿は眠るが如くであった。その時、本当にリアルに死というものが目の前に現れたような気分になった。

前日まで普通に会話していた彼が、今日は死んでいる。若かった自分にとって、今まで死は遠く離れた非現実だと思っていた。しかし若かろうが、老いていようがその差は一歩の違いでしかないと思えた。

その日の夜、私は眠るのが恐くなった。寝てしまうと、二度と目を覚まさない。そんな感覚におちいったからであった。

死がなぜ恐いのか。それは、未知なるものだからである。魂はどうなるのか。極楽、地獄はあるのか。次々とわいてくる不安と恐怖。

だが人類誕生以来、死ななかった人はいないのである。あの偉大なるお釈迦様でさえ、死んでいるのである。そのために輪廻転生《りんねてんしょう》などを持ち出し説いているけれど、これは人を落ち着かせ正しい生き方ができるようにするための仏教的方便である。

本来、こう信じなさいということがいいたいのではない。お釈迦様の「毒矢のたとえ」というのがある。

理屈っぽいマールンクヤというお釈迦様の弟子がいた。彼は「この宇宙は有限なのか、無限なのか、死後の世界はあるのか、ないのか」とお釈迦様に尋ねた。

お釈迦様は答えた。

「毒矢で射られた男がいたとする。この時周りにいた人は皆、早く医者にみせよう、早く毒矢を抜いてあげようといっている。そのような時、誰が毒矢を射ったのか、背が高い奴か低い奴か、男か女か、犯人がわかるまで毒矢を抜いてはだめだといったらどうする。そんなことをいっていたら、男は死んでしまうぞ。今大切なことは、男の苦しみを取り除いてやることだ。それと同じように、今お前がやらなければいけないのは、そんなことではない。やるべきことをせず、わかりもしないことを考えるのはやめなさい」

つまり「わからないことはわからないとわかることが、わかるということ」。

ややこしいことをいうようだが、「しっかりと諦めよ」ということ。諦めよとは、真実を明らかにすることでもある。

「捨置記《しゃちき》」ともいう。無意味な問いに答えない（捨て置く）こと、そのために必要なのが、今を懸命に生きるということだというのが仏教の教えだ。

一休さんは、そのことをここでいっている。仏教は決して、死の先のことを教えるものではない。ましてや、葬式をやるための教えでもない。

仏法という言葉がある。法は法律という意味ではなく、インドでは真理のことをいうそうだ。真理とは、時と所を越えて変わらぬ不変的なもの。

対して人と人との約束事、これは道徳律である。一休さんが今回いっているのは、この真理。だからいまだに、一休さんの言葉が我々に響くのだ。

その真理に一番初めに気づいたのが、お釈迦様。その道に到る手段に、修行というものができていった。

この修行によって我々も、この世紀の大発見を知ることができるようになったのだ。

この発見の追体験を歴代の祖師方が継承してきた。一椀《いちわん》の水を次の一椀へ移していくように。

それは言葉ではない。再発見、体験から自分が気づかなくてはわからないという一休さんの親切を示した。生死一如（生と死は離れたものではない）の橋渡しの句である。

女房は弁天様

両眼の明かなるを持ちながら
女に逢へば目なしとぞなる

金持ちの薬問屋小西屋の息子の善太郎は、大坂・堺の高須の里という所に在籍した絶世の美女と謳《うた》われていた花魁《おいらん》地獄太夫《じごくだゆう》に夢中になってしまった。

それこそ仕事も手につかず、こんなあわれな姿にほとほと困った父親善兵衛は、一休さんにこのことを相談にいった。

「どうぞ、息子を諭《さと》していただけないでしょうか」という言葉に、わかったと快く引き受けた一休さん。さっそく小西屋にいき、寝込んでいた善太郎の枕元に座って一枚の紙に一筆したためた。そしてその紙を善太郎に見せた。

「両眼の明かなるを持ちながら、女に逢へば目なしとぞなる」

そしてさらに、

「女房の辨才天（弁財天）は美しい。美人というも皮のことなり」と書き加えた。

そして、「どうだわかるか」と問う一休さんに、元々聡明であったこの息子は、歌の真意を理解し立ち直ったという。

よく恋愛をいう言葉に「あばたもエクボ」というのがある。それこそほれてしまうと短所すら見えなくなってしまい、すべてが良くみえてしまう。

普段ならちゃんと見える目であるけれど、恋してしまえば見えなくなる。そこを一休は「目なし」と表現したのである。

善太郎は、連れ合いもいたのだろう。だからこれは、今はやりの不倫になる。親も困り、一休さんも「女房」を持ち出した。

縁あってせっかく結婚したのだから、そこを大切にしろと。結婚もしばらくすれば、慣れが生じてくる。ともすれば慣れは、飽きにもなってしまう。

しかし家庭は、その人の生活の基盤であるのだから、ゆめゆめそのことを忘れてはいけない。感謝の念を持って連れ合いを見つめ直してみれば、それこそ「弁天様」にも見えてくるはずだ。そうなれば女房も不思議に美人に見えてくるし、家庭も円満になる。

美人、不美人といってもしょせん皮の一枚の造作《ぞうさく》の違いにしかすぎない。皮膚の下にあるのは、同じ骸骨ではないかと。そんなものに心奪われるのは無益なこと。女房を愛してそこに心をつくすこと。子宝ができれば、心も安定するぞと。

どうも一休さんにしては、常識的なことをいいすぎているような気がする。しかし人は、立場立場でいうことが変わるということもある。

例えば総理大臣という立場で、この国に未来はないとは、絶対にいえない。それが本当のことであったとしても。国民に夢と希望を持たせること、それも一国の総理の仕事であるから。

私も修行中、そのことを考えさせられた出来事があった。修行道場では、常住《じょうじゅう》と堂内《どうない》という二つのグループに分かれて修行する。

常住とは、皆のために貢献する役づきの者の集まる集団。食事をつくることや師匠のお世話をする係など。対して堂内は、坐禅を中心とした修行に専念する集団。

それぞれには、知客《しか》兼副司《けんふうす》と直日《じきじつ》というリーダーがいる。これがおよそ半年ごとに交替する。

修行は万年寝不足のため、直日は「寝忘れ（寝坊）をさせろ」と常住の朝起こす係の者にせまる。しかし、常住の仕事の一つが、毎朝ちゃんと起こすということだから当然、知客兼副司は係に絶対起きるようにいう。

半年たつと立場が変わるから、係の替わった同じ人間がまったく逆のことをいうのだ。

私は始め、この意味がまったくわからなかった。しかしある時、これが立場なのだと気がついた。一休さんも同じではないだろうか。自分はともかく、おそらくここでは和尚としての立場でいったことなのであろう。

先祖を供養する

精霊《しょうりょう》　今日出でて来迎《らいごう》す　雨露《うろ》直《じき》に供《そな》う万葉の棚
燈明《とうみょう》　挑《かか》げ得たり天上の月　松風流《しょうふうりゅう》水読経《すいどっきょう》の声

お盆という風習は、現代まで脈々と続いている。初めて日本でお盆の法要が営まれたのは、飛鳥時代だそうだ。東京では、七月一三日より一六日、その他の地域では八月一三日より一六日というのが、一般的になっている。

仏壇が庶民の家に備えられるようになったのは、江戸時代。だからそれまでは、この時期だけ庶民は、精霊棚《しょうりょうだな》を作った。

ちなみにお盆の棚経《たなぎょう》というのも江戸時代に広がったものだが、実はこれには裏がある。この棚経とは、幕府のスパイ活動だったのだ。家に行きその様子をうかがい、隠れキリシタンを探すという意味があった。

庶民は、そのことを知らずありがたがったということ。もちろん現在は、そんなことはなく、寺と檀家《だんか》さんのつながりの強化に役立つものとなっている。

ここでいう「雨露直に供う万葉の棚」とは、雨や露が光って美しい木の葉や森、林などが、そのまま精霊棚だということ。

「燈明挑げ得たり天上の月」とは、空に輝いている月が、そのまま燈明となる、の意。

「松風流水読経の声」とは、松風や流れる水音もすべて読経の声となるということ。

だったら何もしなくてもいいという結論になりそうだけれども、一休さんがいいたいのはそういうことではない。

精霊がいるかいないか、供養して救われるとか救われないとかの心のとらわれには意味が無いといっているのだ。ただしその言葉をそのまま鵜呑みにしないでほしい。一休さんのようにいつでもどこでも、すべてを達観していっているのと、一般人とはまったく違うということだ。

やはり一般人には、精霊棚を作ることによって先祖供養するという心が構築できることは、間違いない。

一休さんのようでなくてもご先祖を想い、またそのことから自分の命の活かし方がわかる状態の人にして、初めていえることなのである。

我々は、今現実の中を生きている。世の中は高齢化社会になり、老老介護や認知症、外交では中国や北朝鮮の脅威、原発問題もある。次から次へとふってわいてくる問題に、いかに対応していくか。

それが今を生きている者の課題であり、普段の生活では亡くなった人の供養以上に、生きている老人を大切にすることのほうが現実には重要なのだ。

現代人は、忙しい。忙しいという字は、りっしんべんに亡ぼす。心を亡ぼすと書くけれど、そのことによって心の余裕がなくなってしまっている。

この心の余裕を見い出すため、立ち返るため、お盆とお正月が日本人に大きな区切りを与えるきっかけとなったのだと思う。

「精霊棚」には、ナスとキュウリで牛と馬を模した乗り物をつくる。先祖が帰って来る時と戻って行くためにも必要だという。

馬に乗って子孫のいる懐かしい我が家へ、そこには急いで帰って来るために馬を、今ならレーシングカーというところだろうか。帰って行くには、ゆっくりと牛を使い、土産を積んで。これは、トラックというところか。ご先祖を想う昔の人の優しい心が、そこにある。

普段自分のことにしか目がいかない我々が、子供の頃のような純真無垢《むく》な心に立ち返るいい機縁《きえん》、それがお盆。故郷、親、兄弟が集まるという条件の中に、人を想う心が活性化される。それが精霊が本当に喜ぶところであり、お盆の持つ意味である。

一休さんがいいたいのは、お飾りにこだわるよりも、その本心に気づくこと。そのためにあえて、坊さんがいわないような奇ばつな表現で示したわけである。

仏法に不思議なし

有無ぞ知る　何思うべき趙州《じょうしゅう》も
なかりし先の犬の一声　喝！

趙州とは、中国の趙州和尚のことで、『無門関《むもんかん》』という書物の中に「趙州狗子《くし》」という話がでてくる。狗子とは犬のことで、有名な禅問答（公案）の一つである。

お釈迦様は、「一切衆生、悉《ことごと》く如来の智慧徳相（仏性）を具有す」といわれた。つまりすべての生き物に仏性という仏の才能があるといわれているのに、「犬にはあるか」と聞かれた趙州は「無」といった。またある時は「有」とも趙州は答えている。この「有無」の真意とはどこにあるのかということ。これをふまえての、この一休さんの言葉である。

御影堂という扇屋の娘が、なぜか犬に取り憑《つ》かれて病気になってしまった。そこで神通力のある山伏を呼び祈禱《きとう》してもらったが、さっぱりよくならない。

たまたま一休さんがその話を聞き、この扇屋に立ち寄った。そしてその娘の前に行き、

「狗を撃ち、また撃つ香積《こうしゃく》、狗に情あり、即ち去る香積情無し、自ら住《とど》まる情と無情如何。麼生如何《そもさんいかん》。有無ぞ知る、何思うべき趙州も、なかりし先の犬の一声、喝！」

と一句を唱え、娘の額を一つ打った。

すると娘の中から犬の霊が抜け出して来て「あな尊や、これにて仏化を得まして、さっそくこの娘の胸中を立ち去ります」と告げ、姿を消してしまった。

娘はしばらくすると起き上がり、うそのように病が消えて無くなった。

「香積」とは食事のこと。つまり犬をたたいて「食事だよ」と知らせてやる。その行為は情のあることだ。対して食事を与えないことは、情がない行為だという。

「自ら住まる情と無情如何」とは、娘に取り憑いて食事をもらえないのと、娘から抜け出して食事にありつけるのでは、どちらがよいか考えてみよという意味。

「何思うべき趙州も、なかりし先の犬の一声」とは趙州の犬の問答をもじって、仏性の有る無しを超えて、「ワン」と答えてみよといっている。そしてこの一休さんの導きによって犬の霊がみごとに娘から離れたというのである。

禅では、「仏法に不思議無し」といって、怪奇的なものを否定する立場だ。しかし現代に至るまで、このような話は耳にするし消えることはない。「金しばりにあった」とか「悪霊に取り憑《つ》かれた」など、日本だけではなくそれこそ世界中でいわれている。

しかしそのほとんどは、心身のバランスのくずれや心理的想い込み、自己暗示などが多いのではないかと思う。

幽霊などもそうだが、そういうものが有ると信じると、その恐怖心があおられ、無いものが見えてしまう。このことを一休さんは、逆に利用したともいえるのではあるまいか。


江戸時代の『葉隠《はがくれ》』にこんな話がある。

ある男女が不義密通（今でいう不倫）でつかまった。この時代それは大変な大罪で、二人は死罪になったのだった。

以来、その場所には幽霊が出るとうわさされるようになった。皆がそれぞれ恐れおののくので、経済など色々な面で支障をきたすようになってしまった。

困った奉行《ぶぎょう》は、そのことを殿様に相談した。すると殿様は、「殺しても飽き足らない奴らであった。それが成仏せず、迷って苦しんでいるなら結構なことではないか。いい気味だ。いつまでもそうしておけばよい」と。

その話は、庶民の耳にも入った。以来、幽霊は、ぴたっと出なくなったのである。

つまり皆が恐がらなくなった。幽霊の存在意義は、皆が恐がってくれてこそある。恐がらなければ、出てくる意味はないということになる。

これも心の平安を取りもどしたことによる現象。一休さんは、このことをすべてお見通しの一句だったのである。

幸せを感じる心

たそという言葉の下にあらわれて
誰《た》そこそ誰《た》よ　誰《た》そは誰《たれ》なれ

舌を噛《か》みそうな歌である。先日テレビ番組を見ていたら、アナウンサーの研修の様子をやっていた。アナウンサーも最近は、タレントのような扱いがされ華やかなイメージを持っていたが、とても厳しい先輩の指導であった。

なんでこんな話をしたかというと、この道歌を教材に使ったらいいのではないかと思ったからだ。今も読み直してみたが、それほど読みづらい。

この歌は、一休さん自身のものではない。よく一休話に登場する蜷川新右衛門《にながわしんうえもん》の作である。

一休さんが「釈迦、弥勒は猶《な》お是《こ》れ他の奴《ぬ》。且《しばら》く道《い》え、他は是れ阿誰《あた》ぞ」と問答をしかけ、それに対し答えたのがこれである。

この問答の原典は、『無門関《むもんかん》』第四五則「他是阿誰《たぜあた》」にある。つまりこれは、正式の禅問答である。

一休さんはこの歌をもって、新右衛門の悟りを認めたとも伝えられる。

釈迦とは、この世の中に生きている人々を救済されるために現れた仏様。弥勒《みろく》は人心が乱れ滅亡せんという時に現れる仏様。

つまり釈迦弥勒で、現在と未来にわたって人が救われることをいう。

「これ他の奴」とは、この釈迦、弥勒は誰の家来かということ。そしてその誰とは誰のことをいっているのかを問うている。

とてもややっこしいのだけれど、対して新右衛門は、誰という言葉ででてくる誰と問う者こそ誰なのか。そしてそれをまた問う私も誰というべき存在なのかという。

つまり、あなたも私も、その相手からみれば「誰な人」だということになる。自分の体でも、心から対すれば体は誰であり、またその逆もしかり。

仏様はつねにあなたのために、文句をいわず働いている。そのことに気づくか、気づかないか。そこに幸せの源《みなもと》がある。

我々は病気した時、改めて体の大切さを思い知る。普段、元気な時は気にも止めない。知らず知らずの内に体にこそ最も偉大な恩恵を受けている。

そのことに気づいた時、人生への感謝と幸せをかみしめることができる。この句でいう

「誰」とは、つまりは自分自身のことに他ならない。

雲水は、修行中寝る間を惜しんで修行しろといわれる。昼間、休憩中でもゴロゴロすることは許されない。

睡眠時間も微々たるもの。本当によく生きていられるなと思ったものである。そして作《さ》務《む》と呼ばれる労働もかなりの重労働だし、食事も質素そのもの。人間の限界に挑戦しているようであった。

夜、一日が終わり眠りにつく頃には、立っているのもやっと。明日、生きているのだろうかなどと真剣に思ったものである。少ない睡眠時間なので、まさに死ぬように眠った。するとどうだろう。次の日には、ちゃんと体が動くようになっているのだ。しみじみと人間の体の不思議さ、すごさを感じた。私には体という道具、武器があると思った。

こんなことは、普通の生活を送っている人はなかなか感じられないのではないか。一休さんの修行とまでは到底いえないけれども、似た環境を生きてきた者として、わかったことである。

自分の幸せは、自分の内から発している。心が幸せであると認識するのだ。自分自身の心がわかること、そこに自分を幸せにするコツがある。

何度もいうようだが、幸せを外に求めても決して得ることはできない。

仏教でいう本当の功徳《くどく》は、タナからボタモチではない。物でも金でもない。

表面上一般的には不幸であっても自分の感じ方を変えることによって変化させられるということ。これしかできないではなく、これができる、という見方ができる自分、そうした心の工夫がこの「誰」の正体なのである。

自分を知る

極楽は　西とはいえど　東にも
きた道探せば　みんなみにある

坂井六郎右衛門《ろくえもん》という代官が、一休さんに尋ねた。

「地獄極楽はあるといい、ないという。いかがなものでしょうか」

それを聞き一休さんは筆を持って、さらさらとしたためたのがこの歌。

極楽は西というのは、西方浄土ということからであり、つぎに東が入り、「きた道」のきたは北、みんなみは南と、東西南北をこの歌に入れている。そして「みんなみ」とは、自分自身のことを示している。

古来より現代にいたるまで、極楽や地獄は本当にあるのかという問題は、解決することなく横たわっている。新興宗教などは、この問題を声高《こわだか》に叫ぶことも多い。いうならばこの問題は、人を迷わす禁断の言葉でもある。

なぜなら死んだ経験がないのだから、本当の答えは誰もわからない。

そこをあえて答えた一休さんの根底には、やはり禅的な視点が示されている。
臨済宗中興の祖といわれる白隠禅師は、「坐禅和讃《ざぜんわさん》」の中でこういっている。

衆生本来仏なり
水と氷の如くにて
水を離れて氷なく
衆生の外に仏なし
衆生近きを知らずして
遠く求むるはかなさよ

仏になることを「成仏」というが、人間には本来仏性（仏の能力）がある。しかしそのことが信じられないから、なにかよそにそんな有り難いものがあるのではないかと他を探し求めるのだ。そして迷いに迷ってしまう。
最後に白隠は、いう。

当処即ち蓮華国《れんげこく》
此の身即ち仏なり

蓮華国とは、まさに極楽のこと。自分自身が仏であると自覚できるならば、今生きているこの世界がそのまま極楽浄土であるということである。

一休さんも白隠禅師も同じことをいっている。今、幸せを感じて生きている、それこそがまさに極楽の中にいるということである。

人や世の中をうらみ、自分の不幸は周りのせいだと考えるならば、そこは地獄。同じ場所でも、その人の捉え方ですべてが変わる。要は、自分の心の持ち方しだい。

そのためには、自分が生きているのではなく、生かされていることに気づくことだ。人間は、決して一人の力では生きられない。食べ物を始《はじ》め、仕事も日常使う道具、あらゆる物が人の力によって支えられている。

その時、自分一人の力の限界を知ることになる。そうすれば、自《おの》ずと謙虚で感謝にあふれた生活になるだろう。

自分を知るとは、そのことだ。

老子は「人を知ることは智者にすぎない」といった。そしてさらに「自分自身を知ることを最上の明とすべきである」ともいっている。

頭がいいといわれる人でも、罪を犯してしまう人がいる。自分は頭がいいから、ばれないと思っているのだろう。

それよりも罪を犯さない人、いや犯そうと思っても犯せない自分をつくり上げることのできる人、これこそ仏教でいう智慧《ちえ》ある人（仏）というのだ。

自分自身を知り、その自分の心とのつき合い方のわかることこそ悟りということなのだ。

一休さんは、このことをこの歌で教えてくれている。

自分を見つめ直す

仏法を修行するとは　仏法をならうにはあらず
わがひがごとをやぶるなり

さすが一休さん。私の考えていたことを一言で看破《かんぱ》している。

日本には、仏教といっても多くの宗派が存在する。天台《てんだい》、真言《しんごん》、浄土《じょうど》、浄土真《じょうどしん》、日蓮《にちれん》、臨済《りんざい》、曹洞《そうとう》、黄檗《おうばく》をはじめ、新興といわれるものにも仏教系と呼ばれるものもある。そして信仰深い人もいれば、まったく興味を示さない者もいる。さらにいえば、毛嫌いするという人もいる。

宗教の中にはカルトといわれる反社会的なものもあり、そのイメージも大きいのだろう。そしてなにより、オウム真理教の事件は大きかった。

信仰を持っているという人も、そこへ入るきっかけは案外簡単なものからということがある。

私自身も一休さんが好きだったからというもので、実際一休さんの宗派がどんな教義で、他との違いがどこにあるのかなんて、知らないで出家した。

単純に一休さんほどの人が信じるのだから間違いないだろう、くらいのことを漠然と考えていた。

今、私は、教誨師《きょうかいし》という宗教家の団体（刑務所などで矯正《きょうせい》教育の一環として宗教を通して受刑者を導く活動を行っている）に所属している。

教誨師は、仏教だけでなくキリスト教のカトリックやプロテスタント、神道などの先生もいる。

これらの方々と話してみても、寺や教会で生まれた人は別にすれば、キリスト教に入った理由を、悩んでいた時に家の近くに教会があったからと語っていた人もいた。

仏教では、縁などというが、まさにそれである。

宗教の中には、他を認めない宗教もある。世界で起きている宗教戦争は、そういうことが原因なのだと思う。

日本の場合は、国民性のためか比較的穏やかな宗教が多いと感じる。

私が、現在も臨済宗大徳寺派にいるのは、大燈和尚や一休さん、沢庵和尚といった尊敬できる先師がいること。権力に属しない姿勢、純禅の道場としての自負、これらにカッコ良さを感じているから。ミーハーといえば、ミーハーかもしれない。

しかしそのあこがれということが重要な要素である気がする。

禅では信じる者は自分、大切なのは学問ではなく行であるというところも自分に合っていると思った。

たしかにすべての価値観が合うか、納得するかといわれれば、そうではない。しかしそれを引いても余りあるものを感じられるから今もいるのだ。

一休さんがいう「ならうにあらず」とは、この仏教、つまり禅は学問ではないということをいっているのだ。

坐禅をすることを考えればわかる、机に向かっているのではない。禅でいう仏教とは、仏道（仏へ向かう道）であり、間違った自分を正すために自分を見つめ直す作業のこと。

道元がいう「仏道をならうというは、自己をならうなり。自己をならうとは、自己を忘るるなり」とは、このことである。

「わがひがごとをやぶるなり」とは、自分の間違いを打ち砕けばよいということ。一休さんが人生をかけて体得したのはこれだ。

晩年、一休さんは『自戒集《じかいしゅう》』の中で臨済宗をやめ念仏宗（浄土系）になると宣言している。これはあまりに一休さんが有名になりすぎ、一休さんの周りにいた者の中で一休さんに悟りを証明されたなどといい出す者が出てきたからだという。

たしかにそれもあるだろう。しかし一休さん自身、宗派にとらわれていないことを示している。

自分にとって正しい道に向わせるもの、それが本物である。いいものはいい、悪いものは悪い、それが一休さんの宗教観といえるのだと思う。

参考文献

『一休禅師の発想』公方俊良著　三笠書房
『日本人のこころの言葉 一休』西村恵信著　創元社
『話の泉一休さん一〇〇話』牛込覚心著　国書刊行会
『田中角栄100の言葉』別冊宝島編集部編　宝島社
『ヘタな人生論より一休のことば』松本市壽著　河出書房新社
『日本一心を揺るがす新聞の社説』水谷もりひと著　ごま書房新社
『坐禅をすれば善き人となる』石川昌孝著　講談社

著者略歴

一九六一年東京都青梅市生まれ。一二歳で京都大徳寺大仙院住職尾関宗園師に就き得度。一九八三年、二松学舎大学文学部卒業。一〇年間の小僧生活、一〇年間の大徳寺僧堂での雲水修行を経て、東京・渋谷区広尾の臨済宗大徳寺派香林院住職となる。

宗会議員、保護司、教誨師などを務めるほか、KHK大河ドラマ「功名が辻」「風林火山」などの仏事監修・指導や各種講演活動も行っている。

著書には『禅語　ちょっといい話』（芙蓉書房出版）、『禅の心で生きる』（PHP研究所）、『寺子屋「般若心経」』（三笠書房）、『心と体を整える朝坐禅』（大和書房）、『いい人生をつくるはじめての禅のことば』（あさ出版）、『品のある人をつくる、美しい所作と和のしきたり』（永岡書店）などがある。

一休《いっきゅう》さんの長寿禅入門《ちょうじゅぜんにゅうもん》

——笑《わら》って怒《おこ》って、心《こころ》で感《かん》じる

二〇一六年五月一四日　第一刷発行

著者　金嶽宗信《かねたけそうしん》

発行者　古屋信吾

発行所　株式会社さくら舎　http://www.sakurasha.com

東京都千代田区富士見一-二-一一　〒一〇二-〇〇七一

電話　営業　〇三-五二一一-六五三三　FAX　〇三-五二一一-六四八一

編集　〇三-五二一一-六四八〇　振替　〇〇一九〇-八-四〇二〇六〇

装丁　アルビレオ

写真　高山浩数

編集協力　岩下賢作事務所

印刷・製本　中央精版印刷株式会社

ISBN978-4-86581-051-6